こころを揺さぶるエモーショナル・マーケティング

なぜ、その商品がほしくなるのか

平林　千春
Chiharu-Hirabayashi

プロローグ

いま、なぜ『感動』が求められるのか

ポスト3・11のマーケティングとは

今回の東日本大震災は、あらためてマーケティングにおける「感情」の影響の大きさを知らしめた。

今回の震災の最大の問題点は、福島第一原子力発電所の原子炉崩壊と、それに伴う放射能漏れによる住民の長期避難と風評被害の発生である。このことは、原子力や放射能についてどれだけ知っているかという知識以前に、人々は〝恐怖〟から逃れたいという心情をいかに強くもつかという真実を実証する格好の例となってしまった。つまり、日本を席捲《せっけん》した風評被害の嵐は**人々がいかに感情の呪縛から逃れ**

られないかを示している。政府や電力会社は理論的に〝原発の安全性〟を説得しようと努力してきたし、今回の件でも何とか理知的に対処しようとしてきたが、それらはすべてむなしい営為となってしまった。

実は、これからのマーケティングのあり方を考える上で原発問題は無視できない重要な課題を提示している。それは「**人々は感情で動く**」という真実である。福島原発の崩落と放射能漏れが突きつけたもの、それは誰しも恐怖感からは逃れられないということだ。福島ナンバーの車を見ただけで、母親が子供をそこから遠ざけようとしたとか、東北地方に行くのに新幹線で福島県を通るだけで放射能に汚染されるという噂が流れるとか、東北の農産物が理由もなく受け入れを拒否されたりとか、様々な風評の影響が流れてきた。それらはほとんど根拠のない誤解である。冷静になったらすぐ分かることだ。

しかし、こうした風評で東北地方の作物や畜産物が市場から姿を消していった。実は放射能についてはその危険性もそして安全性も理論的に実証されているとはいえないのである。この文明の利器に対して、私たちは誰もが納得する科学的知見はまだもち合わせていない。あるのは広島、長崎の原爆の体験とチェルノブイリ事故の被害だけである。

ただそれが人々に極端な恐怖感を与えている。「なんだか分からないが危険だ」という得体の知れない恐怖感こそが行動モチベーションになってしまっているのだ。だから京都の大文字焼に被災地の流木を燃やすという計画さえ、微量の放射能が発見されただけで中止されてしまう。冷静に考えれば、こんなことで人々に被害が発生するとは考えにくい。だが「原子力は怖い」という感情が染みついている以上、誰もそうした風評被害を止めることなどできない。

この事実はマーケティングに大きな影響を与える。**なぜなら人々が感情的に納得するものでない限り、いかに美辞麗句を並べたとしても決して受け入れられることはない**という冷厳たる事実を示しているからだ。

〝感動〟が消費の引き出し役となる!?

恐怖から逃れられないと同時に、一方で未知の喜びや幸せを人々は常に願っている。最近、企業のコミュニケーション・メッセージとして「感動」という言葉がしばしば使われるようになった背景には感情の作用がある。人々に感動を与えるような商品をつくり、体験させることこそ企業の存在理由であることが自覚されるようになってきたからだ。

感動とは感情の苗床《びょうしょう》にある、生きる気持ちを揺り動かす衝動である。人は感動することで自らの生きる意欲を見出そうとしている。そのことに無意識に気づきだしたことが「感動」の訴求の背景にある。

感動とは〝究極の感情〟なのである。それゆえに感動したという記憶は長く保持され、その後の〝こころ〟の志向を左右する。いったん感動した対象はずっと〝こころ〟に残り、ふたたびそれを味わいたいと思う。従って**最初の出会いにおいていかに「感動体験」を誘導するかということが、企業やブランドへの馴染み感を生みだし、その後の消費態度を規定する。**

ブランド・ロイヤリティの本質とは、あるブランドに対しての感情の記憶から形成される愛着や共感である。それを生み出す最大の原動力が「感動体験」なのである。

人々は理性よりも〝感情〟で消費している

数年前から「**行動経済学**」という分野が注目されている。経済は〝感情〟で動いているという考え方だ。市場経済を制御する要因はいろいろあるが、最終的にモノをいうのは人々の意思決定の積み重ねといえる。この**意思決定において人々は必ずしも合理的に判断するのではなく、その時々の感情に揺り動かされて行動する**ということが、市場動向を左右する要因となっている。まさに**市場は〝私情〟に翻弄《ほんろう》されているの**だ。そうした経済における感情の役割を重視しているのが「行動経済学」なのである。（註1／行動経済学参考文献）

確かに人々は理性と感情の狭間で生きているともいえる。しかし多くの場合、感情的志向のほうが先行し、知性の方向を誘導してしまう。なぜなら生きていく上では感情的に許容されるものを優先していくというのが当然の理であるからだ。表層的には理知的に判断し、行動するように見えても、心の底では感情に支配されていく。それは感情が心の志向を左右するからだ。感情が否定したら、いくら理性的に対処しようとしても、正確な判断はできない。生きるためには、感情の判定に従っていくのが本性だからである。その両極が感動と恐怖なのである。

ソーシャル消費の基底　――いいと思うことが快につながる

ただ、人々は今日の消費行動においては単なる個人の好みや事情で判断するのではなく、いまの社会や地球環境にとって是とするものを選択するということもある。いわゆる「**ソーシャル型消費**」というトレンドはエコロジーやCSRのブームとともに勃興し、最近は「社会にとっていいもの（ブランドや企業）」を選ぶということがかなり浸透してきた。

たとえばミネラルウオーターで二つの大きな流れが見られる。**ヴォルビック**は〝1《ワン》リッター for 10《テン》リッター〟ということを掲げ、1本の水を買ってもらうとそれで途上国に10リットル分のきれいな水をつくる設備ができると訴える。

またコカコーラの『**いろはす**』は、つぶしやすいPETボトルの採用で、飲み終わったあとのゴミが少なくなるという価値で市場化に成功した。いずれも社会的意味の訴求が功を奏している。

こうした社会にとって意味ある商品が支持を得ている。きわめて人間的な理性的判断に基づく行動と受け止められがちだが、実際は「社会にいいことをしている」ということが他人に対しても自己主張になるし、自己満足の素材でもあるわけで、きわめて感情的な衝動であるともいえる。

東日本大震災後の復興支援の消費もそうした類で、自ら賞賛に値する行動をとることでの感情的満足という側面が強い。「自分をほめたい」というのも一種の感情露出であり、むしろ「社会にいい」というのは、それを正当化する心情からであろう。ただこうした気持ちが芽生えていることの意味は正しくとらえ、感情的に気持ちいいことへの欲求を今日的文脈の中で伸ばしていくことが、新たな消費モチベーションとなることに留意しなければならない。

「正しいかどうか」よりも「好きか嫌いか」のほうが強い

私はどうにも犬が苦手で、道を歩いていても犬と遭うと身がすくんでしまい、遠回りをしてしまうぐらい〝犬嫌い〟である。

これは子供のころ犬に吠えられた恐怖が〝こころ〟の奥底に染みついており、抜けきれないからである。客観的に考えると犬は人間がつくり出した〝最高の発明品〟とでもいうくらい有益なものであることは認めざるを得ない。だがそんな〝理論〟は犬に遭うとすっかり抜け落ちてしまい、とにかく犬を避けようという気持ちが先行してしまう。怖いという感情の記憶がすべてに優先するのである。だからマーケターとしても、とてもペットフードの仕事などやる気にはなれない。とにかく犬に接触することは徹底して避けようというのが、私の感情の基底になっているのだ。

こうした個人的体験を踏まえるまでもなく、**感情は理性を上回る統制力を持つ場合が多い**ことは確かだ。自分の嫌いな人とは絶対理論的にも相容れないという気になることは誰でもしばしばあることではないか。それは〝嫌い〟という感情のほうが〝正しい〟かどうかという理性的判断を上回る拘束力を有しているからである。

個人の意思決定が経済動向を最終的に左右するとするなら、その「意思」を左右するのは知的能力に支えられた理性の力ではなく、好き・嫌いという感情の力である。そして感情を生み出すのは本能的に自らを守り、子孫を残そうという「生きる力」にほかならない。とするなら感情の苗床にいかに働きかけ、好感をもってもらうかがマーケティングの基本方針とならざるを得ない。人間は「感情の動物」であるという冷厳たる事実から出発し、新たなマーケティングの枠組みを構築していくことが要求されているのである。

人間は単純な情報処理マシンではない

現在のマーケティング理論の一つのベースとなっているのは「**消費者情報処理理論**」という考え方である。（註２／消費者情報処理理論）

これは人間を一種の〝情報処理マシン〟とみなし、入力された消費情報から必要な情報を処理し、購買という行動を出力するという考え方である。つまり消費に伴う様々な条件を吟味して購買が決定される（価格とか必要性とかその時の事情とかの相乗として）。消費というのはそうした諸々の条件を計算（検討）した結果生み出される行動というわけだ。その最終形がブランドへの志向であるとされる。

もろもろ検討した結果、最終的にはブランドにすがるという心理だ。最近の「ブランド論」の隆盛はそうした情報処理行動に伴うブランドの位置づけの重みから発している。

しかし、**人間をコンピュータのように諸条件を入力すれば、それに従い最適な出力をする消費マシンととらえていると、とんでもないしっぺ返しを食らう**。

多くのマーケティング戦略は様々な調査をしながら、いかに消費者に最適な判断をしてもらうように誘導するかということを前提に組み立てられているが、どっこい人間はそんな策略に乗るほどに〝お人好し〟ではない。自らの感情の赴くままに行動する場合のほうがずっと多い。

調査によって仮説をつくり、それに合わせて種々のマーケティング的手法を駆使すれば、その通りに動いてくれるとは考えないほうがいい。その人なりの感情がどうつくられているかに配慮してこそ、高度なマーケティング戦略も実効性を得ると知るべきだろう。

消費者情報処理理論の最大の陥穽は人間が「感情の動物」ということを省みていないことにある。

〝こころ〟のマーケティングの時代へ

私はいままでヒット商品研究やブランド研究を通じて、〝消費の意味〟をずっと探ってきた。それは人々の〝消費する心〟とはなにかを探求することであった。その〝消費する心〟は多くの場合、その人の感情体験に規定されていると最近気づいた。その事実を今日的なマーケティングの枠組みのなかでどう位置づけていくかが問われている。

いままでのマーケティングは基本的には**4P理論**(Product,Place,Price,Promotionの組み合わせ)を基軸とし、その時々での状況を勘案しながら、市場戦略を策定するという方法がとられていた。そのために消費者の志向を探るための種々のマーケティング調査が行われてきた。

マーケティングリサーチ手法には大別してアンケートなどの数量で判定する定量調査と、インタビュー等によって消費マインドや嗜好をつかもうとする定性調査の2種類がある。最近はインターネット等を使って瞬時に多くのサンプル数を集める方法も浸透してきたが、定量と定性二つの調査をもとにマーケティング戦略を組み立てるというやり方はずっと変わっていない。

しかしこれらの**調査で消費者が素直に自分の気持ちを示すかどうかは疑問**だ。**それ以前に自分がなにを求めているかに気づいていないことのほうが多い。**消費行動についてはほとんどブラックボックスのままであり、いかなる調査といえども完全にそのパンドラの箱を開けることはできない。これを克服するには人々の心の奥底を覗《のぞ》くしかない。

「ニューロ・マーケティング」の可能性と限界

最近「**ニューロ・マーケティング**」なる方法論が台頭し、人々の脳活動の様子をウオッチし、それによって心の変化をつかもうという試行が一部でされるようになった。これはＳＳＴ（脳波計）やｆＭＲＩ（機能的核磁気共鳴装置、脳の血流量の変化がつかめる）を使って脳のどの部分が活性化しているかを計測することで、その人がどういう心的状態にあるかを推測するものだ。ニューロ・マーケティングの世界的推進者のマーティン・リンストロームは、今後は従来の調査手法に代わって脳計測が各分野で取り入れられるべきだと提唱している（註３／マーティン・リンストローム『買い物する脳』早川書房)。

脳の各領域がどういう役割を果たしているかについては次第に解明されつつあり、それらの知見をもとに人々の隠された心情をさらけ出そうというニューロ・マーケティングは、従来ブラックボックスだった消費者心理を解き明かす一つの糸口には十分なるであろう。

ただそれには脳から〝こころ〟がどのようにして生成するかという根本のところが分かっていないといけない。残念ながら**〝こころ〟の発生については進歩した脳科学にしても明確な解答を出し切れていない。**

ニューロ・マーケティングの可能性は認めるものの、その効用については疑問のところも多い。**マーケティングというのはトータルな〈人間科学〉**であり、それには人間という存在自体の科学的把握、なかんずく〝こころ〟の生成の秘密の解明をもとに、ある仮説を組み立てることが必要とされる。

そこでは各種のマーケティング調査や人々の生活環境や市場動向の分析などを駆使し、総合的に今日に生きている人たちの志向を掌握するしかない。あくまで総合的な推論や解釈がベースとなる。ただ、その際個々の人間という個体を構成する核である〝こころ〟の存在をどうとらえるかということが不可避となる。

今回人々の〝こころ〟にアプローチする方法論として「**エモーショナル・マーケティング**」を掲げたのは、人々の感情はどうやって形成され、それが実際の消費行動をどう左右しているかを探りださない限り、今後のマーケティングの発展はないという確信からである。なぜなら「**マーケティングとは人間学である**」（フィリップ・コトラー）だからだ。

マーケティングを、人間を理解し実際に生きている人々とコミュニケーションしていく方法論としてとらえるなら、感情（さらにその根元としての「情動」──両者の違いについては後述する）の問題の解明はすべてに先行して取り組まれねばならない。それは畢竟《ひっきょう》、マーケティングを総合的な〈人間科学〉として再編していくことにつながる。そこでは現実的な市場の動きを人間の〝こころ〟の鏡として見ていく視点が不可欠になるだろう。

そして、〝こころ〟を動かす最大の要因が実は「感情」なのだということ、それを戦略的マーケティングのメルクマールとして、今日的な有効性をどう獲得していくか。それが本書の最大のテーマである。

「なぜ、その商品がほしくなるのか」目次

プロローグ

いま、なぜ『感動』が求められるのか 1

第1章 あのヒット商品はどうやって人々のこころを揺さぶったのか

第2章 エモーショナル・マーケティングとは何か 65

第3章 なぜその商品がほしくなるのか——重要キーワード解説 115

第4章 五感ブランディングの時代 161

第1章

あのヒット商品はどうやって人々のこころを揺さぶったのか

How did that hit product catch people's hearts?

なぜ、あるものだけがヒット商品の栄光を手にできるのか

私は長らくヒット商品研究というのを自らのマーケティング・スタディの主軸としてきた。それは世の中の動向に関心があるというより、人々の〝こころ〟を探るには、多くの人の共感を得たもののなかに、今日的価値の源流があるのではないかという視座が必要だからである。

だからヒット商品研究は商品という〝もの〟の研究ではなく、いま生きている〝ひと〟の研究と位置づけてきた。その視線は最近は「ブランド論」を中軸として、〝こころ〟に残る消費価値とはなにかにシフトしつつあるが、基本的には〝ひと〟の解明（なかんずく〝こころ〟の解明）が、マーケティングの基本要素だと思っている。

ヒット商品というもののなかに、いかに〝ひと〟の影を感じるかということこそが根本的なマーケティング資質である。なぜなら**ヒット商品とはより多くの人の「共感」を得たもの**であり、そこに今日の人が求める価値が内包されていると考えられるからだ。それを人間の本源的部分にまで遡及《そきゅう》してあぶり出すこと、それが一貫し

た私のマーケティング・アプローチ法である。

といってもヒット商品をつくり出すパラメーターは無数にあり、一つの傾向値を出すことは困難である。マスコミでの話題というのが追い風になることも多い。それは**「ブームのドプラー効果」**（註4）といわれるくらいものすごい迫力で迫ってくる。一種の強迫感をもって人の行動を誘発することも多い。最近でいえばアップル社の**iPhone**などその典型で、マスコミでの話題から人々が行列をつくり出すまでに至っている。そういえば〝行列現象〟というのは、そこに確たる商品価値があるということより、みんなが興味をもつものには「なにか魅力があるに違いない」という前提で、人々の行動を駆り立てるという要素をもっている。ここでは他者の気持ちに沿っていこうという無意識の志向がある。

ブームというのは強引に人々の興味をかきたてる要素をもっており、マスコミが牽引車の役割を果たすことは多い。だが「ブーム＝ヒット商品」ではない。ヒット商品のなかには一部のユーザーが大切に育てた価値が口コミで次第に広がり、いつの間にか確立した市場になっていくという例も多いからだ。

さらには新たな消費常識が通暁《つうぎょう》していくなかで、人々が引き立てていくものもある。

いずれにしても**成熟市場においてはヒット商品は消費者側がつくり出すもので、強引に消費を煽っても消費者が振り向かねばヒット商品になることはない。**私は20年以上にわたってヒット商品研究を発表してきており、詳細はそれらの著書に譲るとして、ここではなぜあるものだけがヒット商品という栄光を手に入れられるかを見てみたい。（註5／拙著『21世紀型ヒット商品の条件』実務教育出版等参照）

ティッピング・ポイントをどうつくるか

ヒット商品が生み出される社会的メカニズムを探る上で一つのヒントとなるのが、イギリスの動物学者ライアル・ワトソンが指摘している「**100匹目のサル**」的現象である。これは日本の宮崎県・幸島における野生の猿のコロニーでのエピソードということになっている。（註6／ライアル・ワトソン『生命潮流』）

京都大学の霊長類研究所の研究者たちが、野生の猿を餌づけしようと島の浜に芋を置いたところ、当初は口に砂が入ってしまい、猿たちはどれも芋を食べることができなかった。ある日1匹のメスの猿がその芋を海水で洗って食べることを発見する。そうするとその様子を見ていたほかの猿たちが次々と海水で芋を洗う行動を覚え始め、遂にその数が100匹目に達した時、海水で芋を洗うという行動はコロニー共通の習慣になったというのである。

それどころか対岸の九州本土のサルたちまでもが「イモ洗い行動」をするようになった。ワトソンはこの現象から一つの社会的法則を見出す。つまり**「あることをいいと思う人が一定の閾値《いきち》（臨界点）に達すると、それは集団共通の〝常識〟にまで昇華する」**というメカニズムである。

このエピソードの真実について私は詳しく知らない。ニホンザルにそうした高度な社会性はないという見方もある。ただ、世の中にある習慣や常識が浸透していく過程には、必ずある臨界点があることは間違いないようだ。一定数に達するとその慣習が人口に膾炙《かいしゃ》して、あっという間に広まっていくということはしばしばあることだ。社会的に「そうしたほうがいい」と思う人が圧倒的多数になり、みんな同じような行動をとりだすのだ。ヒット商品においてはこれを〝**ティッピング・ポイント**〟という。

社会（生活者）のほうで受け皿を自然のうちにつくり出す作用である。これは複雑系といわれるシステム特有の現象で、ある一定段階にまでシステムの成熟度が高まると次の秩序が創発されていくのである。

問題はそうした気持ちの同調現象がどうやって起こるかということだ。ここで一つの視点が「**シンクロニシティ**」といわれる、周囲と無意識のうちに同調していこうとする志向である。ボルネオのマングローブの海岸では、ある夏の夜に何十キロにもわたって、ホタルが一斉に発光する現象があるという。これは指揮者が合図して同時に発光を指示するかのように思われるが、そんな社会性がホタルにあるわけがない。各ホタルは隣のホタルが「発光しそう」という雰囲気を察知して自らも発光するのだという。それが瞬間的に伝わり、あっという間に蛍の光の束がマングローブの森を包む。

生きているシステムには無意識のうちに同調しようという能力があることは、先述したとおりだが、人間においては**他者の気持ちを察して自分も同じような行動をとること**が、消費行動などにおいてもうかがえる。**それが一定の閾値に達するとヒット商品になる**のだ。

つまり共感の輪が人々の〝こころ〟を席捲していくことにより、ヒット商品を生み出す社会的基盤がいつしか醸成されてくる。**他者の〝こころ〟を慮《おもんばか》って、自らもそうしたほうがよい状況をつくるという無言の予感が人々の行動を誘導する**のである（これは後で述べる「ミラーニューロン」の作用と関係があるかもしれない）。

こうしたシンクロニシティ（「相互引き込み＝エントレインメント」といったほうがいいかもしれない）を司るのは、感情の協調＝共感を生み出す構造が人間の脳に備わっているからにほかならない。それは〝いいものは同じようにいい〟と思う共通の志向性があるからである。この志向性はもちろん各人の価値観に左右されるが、かつて同じようなものに〝快〟の体験をもったというようなことが、ある社会的シグナルの中で駆動されて「共感の輪」をつくり出す。**多くのヒット商品にはかつて好感情を抱いた共通の経験を彷彿《ほうふつ》とさせるシグナルが内在されており、それが社会的話題などの相乗で人々の気持ちを揺り動かす**のだろう。つまり**〝快の予感〟が人々の心を駆け巡るものがヒット商品への関門を開く**のである。

iPhoneはアップルブランドの期待感があるからこそヒットした

基本的に成熟市場においては欠乏はないから、新しいものをあえて求める理由は限りなく少ない。だから定番品主体の市場を守っていればいい。無理して新製品を出すというリスクをとる必要は毫《ごう》もない。

だがそれでは市場は活性化しないし、企業も成長を果たすことができない。だから毎年次から次へと新商品が出る。なかには「下手な鉄砲も数撃ちゃ当たる」式の無駄な投入も少なくはないが、市場を活性化するためには新製品による消費への刺激は不可欠である。

これは定番ブランドの世界を守るための攻撃的防御という側面からも無視できない。同じものが連綿と続くと人は飽きてくる。何か新しい刺激がほしくなる。そうでないと市場は次第に疲弊化してくる。

かといって大幅なリニューアルや大胆な新製品攻勢は、ブランドとしての約束事を逸脱し、消費者の気持ちの改変を迫ることもある。これではかつてブランドに感じたベネフィットも消失してしまう。ブランドのリニューアルはユーザーの気持ちに沿って行われなければならない。ここではブランドのアイデンティティを大切にしながら、一方で新たな期待感を醸成していくことで、ブランドのキャパシティを拡大していく戦略が求められる。**ブランドはユーザーとの約束事**である。その原則は決して外してはならないが、多くのユーザーはブランドの世界観の先にある新たな〝快〟の世界の提供を潜在的に求めている。

ここに新製品が市場化していく秘密もある。もちろんまったくの新しいタイプの新製品で画期的行動の転換を図り、市場を一挙に築くものがないわけではない。しかし多くは、ある信頼できるブランドから提示されることで、期待を高めて消費対象になっていくことが多い。

iPhoneだって、**Macintosh、iPod、iPad**と続くAppleのブランドワールドのなかからの提案であるから、人々は期待感をもつのである。ここでは「Apple」というブランドは人々の期待を常に受け止める挑戦的ブランドとして切望されている。これが次への期待を醸成し、感情的に受け入れる素地を形成する。多くの場合ブランドのファンはもともと革新的である。ブランドへの親和性は〝慣れ〟から生じる面もあるが、**常にある種の期待にこたえてくれるという予兆が、ブランド支持を深めていく**。

これは最寄品の定番ブランドにおいても同様である。ただ売れているものがよければあえて特定のブランドを支持する必要はなく、価格や利用性だけで漫然と選択する。コモディティといわれる分野はこうした保守的志向が主流だが、それではブランドユーザーは育たない。意識的なブランドファンはそのブランドの世界の拡張を常に願っている。それはブランド自体が、〝快〟の象徴であり、より強い〝快〟をさらに求めようとするからだ。だからブランドの革新を常に期待することで、自らのブランドに対する新たな〝快〟の創出をたえず求めていく。

こうした人たちに対しては、常に新しいブランドの世界を垣間見せ、期待感を高める努力が必須となる。そうすることがユーザーの**感情的アフォーダンス**を生み出す。この「感情のアフォーダンス」が形成されるかどうかが、消費への志向を創発する秘密ではないかと私は推測している。

この「アフォーダンス」という言葉は、生態心理学を提唱したジェームス・ギブソンが唱えた概念で「アフォード」とは「提供する」という意味で、すべての環境はどういう行動をとったらいいかをあらかじめ提示していると考える。

ドアのノブは「つかんで引く（押す）」という行動をアフォードするし、イスは「座る」という行動を無意識にアフォードしている。我々の行動は環境との関係のなかで自然と決まってくるのである。（註7／佐々木正人『知性はどこに生まれるか』講談社現代新書参照）

だがそれが成立するのはそうした行動を受け入れる（受け入れたほうがいい）という感情レベルでの受容性が成立しなくてはいけない。何か行動がとられる時はまず感情レベルでのアフォーダンスが生成し、その上で無意識のうちにある行動がとられる。

この感情（情動）のアフォーダンスを誘導するのがものの発する**クオリア（質感）**ではないかと思う。そのクオリアを感知して、受け入れたらいいかどうかを感情的に判定するのである。商品でもそのクオリアが脳に映じた時、はたして感情的に受け入れていいものかどうかが瞬時に判断され、感情のアフォーダンスが生成するのだろう。そうすると新製品などでは感情的アフォーダンスをつくるようなシグナルをいかに商品のクオリアとして内在しているかどうかということになる。多くの場合、それは「面白い（だろう）」というクオリアである。「なにか面白そうだ」という感情（期待）のアフォーダンスが商品への興味を誘発するのである。

好奇心遺伝子VS.不安遺伝子

ただこの「面白い」を感じるかどうかは人によって差がかなりある。最近それが脳内の神経伝達物質である**ドーパミン**のレセプターをつくる遺伝子に左右されるということがわかってきた。

それはＤＲＤ４というドーパミン・レセプターで、これをつくる遺伝子のコドン配列のある連続が、**７回巻きの人は好奇心が強く**なり、**３回巻きの人は用心深く**なるのだという（このＤＲＤ４は別名「**好奇心遺伝子**」といわれる）。

ドーパミンをたくさん受け止める分子機構をもっている人はそれだけ快感を感じる力が強く、何事にも積極的に立ち向かう。これは期待をしているとき最もドーパミンが分泌されるという生理的要因から考えても、すべてのことに期待感をもって向かっていく遺伝子的特質をもっているからだと思われる。

なぜかこの**強い好奇心の遺伝子をもっている人は、狩猟民族に多く、日本人では**

10%ぐらいにとどまっているといわれる。**日本では新たなタイプの商品に飛びつくイノベータ層は10%くらいいるといわれるから、この強い好奇心遺伝子をもつ層と対応する。**

もちろん消費への志向は遺伝子だけで決まるものではないが、なんでも飛びつく人は間違いなくこの強い好奇心遺伝子の所持者であろう(卑近な話で申し訳ないが、私自身は何事にも好奇心旺盛で、未知のことにも積極的に取り組んでいこうという志向性をもつ。それは何かを期待するときが一番楽しいからである)。

ところが私の同僚で何事に対しても臆病で否定的に見る人がいる。なんでも悪い場合を想定するのである。こうした人は〝弱い好奇心遺伝子〟をもつのだろうが、ほとんどの場合意見が合わない。でも日本人はどちらかというと保守的な人が多いのは確かなようだ。これにはもう一つ「**不安遺伝子**」(これはセロトニンのトランスポーターをつくる遺伝子といわれる)とでもいえる存在が介在している。

消費の対象となるのはかつての体験のなかで「安心できる」と認められたものが優先される。しかし人はそれだけでは満足しない。少なくとも強い好奇心遺伝子をもつ人たちは未知の〝快〟を求めていく。何か新しいことが起きそうな予感をもった時快感に打ち震える。〝快〟を予測することが既に〝快〟だからである。この予測の快をもたらすのが「面白い」というクオリアである。私が一番「楽しい」時というのはスケジュール帳を埋めている時である。ここでは将来に「いいこと」を期待するという無意識の気持ちがあるから、心がおののくのだろう。

人は明らかに何か「面白そうな予感」を感じた時、既に快感を感じる（少なくとも私はそうだ）。こうした前向きの志向性をもつ人たちの期待をどう吸収するか。ここに新製品投入の視点を設定する必要がある。**とくにブランドのファンに対してはその信頼を裏切らないように、ブランドの世界を拡張するような新たな「面白さ」をどう表出できるか。それを不断に求めていくことが肝心だ。**この場合あくまでブランド・アイデンティティに準じて、新製品の世界づくりをしなくてはならない。**自らの期待の流れに添わないようなものは、当然のことながら快の対象とはならない**からである。

好奇心が消費を駆動する。それは遺伝子レベルで保障されていることなのである。とくに強い好奇心遺伝子をもつ人たちをどう刺激していくかは一考の余地がある。彼らは過去の消費経験のなかでも積極的に対象に接し、消費の昂進役となってきた。

そういう人はブランドへの執着が強い。既にマーケティングはそうした遺伝子の世界に突入する時代に入っている。こうした事実を鑑みるに新たな消費を誘発していくには、ブランドの世界に準拠しながら、新たな「面白さ」をどう提示できるかにかかっているといってよい。

至福のホルモンの秘密～なぜ「ゆるキャラ」がウケるのか

ドーパミンのほかにも、それぞれの神経伝達物質が心の動きに枢要な役割を果たしている。

そのなかで**セロトニン**という物質も無視できない役割を果たす。セロトニンは「**至福のホルモン**」とも呼ばれ、なんともいえない幸福感をもたらす。たとえば篠原菊紀（諏訪東京理科大教授）はパチンコをしている人の神経伝達物質の分泌量を調べた。その時のデータでは、**「リーチ」のときはドーパミンが大量に分泌されるが、実際に「大当たり」になった時はセロトニン優位になる**という。ほかにも旅行に出かける前は期待に胸が震えドーパミンが出るが、旅行中はかえってホッとしてセロトニンが主流になるようだ。なにかほっとしたり、気分が落ち着いたり、リラックスしている時に分泌されるらしい。

最近「癒《いや》し効果」を求める人が増えているが、これはセロトニンの効果を暗に求めている兆候ではないかと思う。若い人でも「癒されたい」という人が増えてきた。なんとなく疲れているのかもしれないし、時代の風潮かもしれない。冒頭で「感動」が訴求される時代だと紹介したが、「癒し」というのはそれ以上の氾濫《はんらん》だ。癒しがどういう感情状態かは判然としないところもあるが、「ホっとした感覚」であるようだ。では癒しをもたらすクオリアとはどんなものだろうか。

若者たちでブームなのが「**ゆるキャラ**」といわれるものである。「ゆるいキャラクター」の意味で、全国の自治体や公共団体などがこぞって公募したり、採用したりして、地域活性化のシンボルになっているが、大半はなんとなく性格がはっきりしないだらけた印象のシンボルキャラクターだ。その性格としてはなんとも意味不明なものが多いが、存在自体が人気になっている。北海道生まれで全国的にもファンが多い「**まりもっこり**」なども「ゆるキャラ」の一種だ。阿寒湖に棲息《せいそく》する毬藻《まりも》をモチーフに生まれたキャラクターで丸っこい風体に特徴は股間が「もっこり」していることだ。これがなんともいえない愛らしさと安心感をもたらすらしい。

あるいは「**パロ**」というアザラシ風のロボットがある。産業技術研究所が開発した老人向けのロボットで「**ロボセラピー**」という分野を開拓した商品だ。介護ショップなどで売られているが、特徴はユビキタス面触覚センサというのをもち、触られた感覚を微妙に察知し、反応することである。だが魅力はなんとものんびりした表情と柔らかな体毛の手触りにある。これが「癒し効果」をもたらすと子供から若者にも人気なのである。タレントでも〝アキバ系〟として人気の「しょこたん」こと中川翔子始めののんびりした癒し系が人気を集めているのが風潮だ。

「癒し効果」というのは安心感であったり、気分をゆったりさせるということだろうが、こうしたものに惹かれる現代人の心情というのは、単なる本能的に規定された感情ではない。これは情動反応としては「ホッとした気分」をもたらす対象だろうが、それを「癒し」として認識するということは感情形成に新皮質の**認知系**がかかわっていることの証左である。

認知系というのは言葉で表現できるように状態の解釈をつくり出す役割を果たす。アキバ系で有名になった「萌え」という感覚なども我々の情動反応を今日的解釈で修飾したものであろう。私はいまだに実体として「萌え」とはどういう感情かわからないが、ある人たちには「萌え」なる心持ちが、ある対象に対して自然に生成していくらしい。そうすると「感情」は常に時代環境との相克のなかでつくられていくものともいえる。感じている気分や気持ちをなんらかの形でラベルづけする。ここにもしかしたら人間の進化の隠れた要因があるのかもしれない。

作家のみうらじゅん氏は先の「ゆるキャラ」の命名者という噂があるが、ほかにも「**いやげ物**」(貰ってもうれしくない土産)、「**カスハガ**」(観光地などで売られているカスのようなハガキ)、「**ドン祭り**」(全国の奇祭)など、独特の表現をする名人だ。これらはどういう感情を抱くかということに起因した表現性だ。私も文章家のはしくれ(なにせ日本ビジネス作家協会の理事長をしているのだ!?)として、こういう感情表現の新スタイルをつくり出すことが、人々との情的交流を促進することにもっと配慮すべきだと実感している。それは新しいクオリア(の質)を発見・表出していくことにより、新たな欲求の位相を産み落としていく過程だからである。

蛇足だが、私は「**造語法**」というのを自らのクリエイティブ表現の一つのノウハウにしていて、いろんなところで発表してきた。世の中を解釈する技法として新たな言葉を探索し、表現化してきた。それは『探語録』（東洋経済新報社）や『造語感覚』（創知社）というような著書や10年近く執筆した『現代用語の基礎知識』（自由国民社）などで随時発表してきた（もっとも『現代用語』で執筆していた〝ビジネストレンド用語〟というページなど、いままでにない言葉のオンパレードだったので、別名〝現代用語のクソ知識〟などと呼ばれたものだ）。

ただ、こういう気分や気持ちを表す表現をもっと考えていったなら、新たなクオリア開発につながるかもしれない。物事の解釈というのは、まずどういう情動反応をもたらしたかを認知系で判読し、それにふさわしい感情表現（言語化）を試みることから出発するとすれば、無限の感情の創出（の表現）があるかもしれない。

とくに日本語は**オノマトペ**という擬音語・擬態語が発達している。これを駆使すれば同じような情動反応でも新たな感情形成につながる表現法が開拓できそうだ。このオノマトペの奥深さについてはあとで「味覚」についての論及で詳しく触れたいが、私たちが感じている感覚の深化（ないしは進化）につながると思う。

そういえばうちの学生たちが演習で温泉を取り上げ、その魅力は「ほっこり」であると喝破していたが、こうした形容など「究極の癒し」の表現かもしれない。新たな感覚性をもたらす〈**クオリアワード**〉の探求は今後のクリエイティブな世界を先導するのではないかと思える。これも「エモーショナル・マーケティング」の隠れた課題といえよう。

〝快〟がコンビニエンス化する社会

私たちは快感を常に求めているが、それは「気持ちいい」とか「心地いい」といった感覚で、その都度独自のクオリア感を感じている。

同じ「心地いい」という感覚でも、ベッドに寝転がった時と、エアコンの効いた部屋に入った時では、違う感覚（クオリア）を感じている。おそらく心地いいと感じる時の情動反応はそんなに変わらないかもしれないが、その自らにとっての意味づけは異なる。それを明確にするために、ある種のクオリアの表現をし、独自の感慨を得ようとしている。このクオリア表現の世界をどう広げるかということがマーケティング的には問われている。

新たな行動を求めるのは〝快〟を求める志向だと何回も指摘してきたが、問題はその**「快」の内実が少しずつ変容してきている**ことだ。直接的な快感よりもなんとなく緩やかな安らぎみたいなものが今日の消費傾向の底流にあるような気がする。その一つが「心地いい」という感覚である。

「心地いい」とは快感の一つの表現であろうが、**直截的に〝快〟を感じるドーパミン的要素ではなく、「癒し感」をもたらすセロトニン系感覚**が入っていそうだ。あるいは「安心感」的な要件も含まれるかもしれない。同じように〝快〟といってもその感じ方はまちまちだ。〝快〟の報酬というのは人間が生きていく上で困難に立ち向かっていくために、遺伝子レベルで用意されていることだが、環境の変化はそうした遺伝子の発現にいささかバイアスを掛けつつある。もっと手軽に〝快〟を手に入れようとする。それは気持ちがなんとなくホッとするような感覚で、それが〝癒し系〟の跋扈《ばっこ》につながっていそうだ。「心地いい」というクオリアはむしろそうした〝ゆったりした幸福感〟を表わすシグナルになっている。

いまや感動ということすら手軽な〝快〟に陥っている節がある。ここではたいして努力せずに〝快〟を手に入れようという、「**〝快〟のコンビニエンス化**」が進行しているからかもしれない。対象から〝快〟の兆候を感じ取るということが行動を起こす源泉ではあるのだが、表面的に生命に危機が去った今日の状況下ではもっと軽い〝快〟でよくなっているのかもしれない。そのキーワードが「心地いい」ということだろうか？（もっとも3・11東日本大震災で改めて「生」の維持が、人々の根源欲求となった感がある――この辺について拙著『「東北再生」計画』（無明舎出版）を参照されたい）

本来〝快〟という報酬がプログラムされている理由は、困難な状況でも、その先に大きな〝快〟が待ち受けていると予感させ、それに立ち向かうことで生命感を発揮させようとする遺伝子の仕業であったはずだ。

とくに好奇心旺盛な人たちは積極的に困難に立ち向かっていく。それは過去の経験から困難を克服した時大きな快感の報酬が与えられるという無意識の衝動をもつからだ。ところが困難なことに立ち向かうことが少なくなった今日では人間は手ごろな〝快〟を求めていくようになった。一方で時代の閉塞感は高まっており、そこで束の間の快楽を求める志向が強まった感がある。遺伝子の作用は固定的ではなく、環境との相互作用で発現されるのかもしれない。ここに「遺伝子マーケティング」の奥深さがありそうだ。

ただ注意したいのは苦難な状況にある時、脳は別な意味での報酬を与えて行動を促すことがあるということだ。それは苦しい気持ちをカバーするためにβ‐エンドルフィンなどの脳内麻薬物質が分泌されてなんとなく気持ちが良くなってきて、苦痛感がなくなる現象があるということだ。

〝ランナーズハイ〟という言葉があるが、これは走っているうちに苦しさが快感に変わって走り続けていくことができるようになる現象だ。〝脳内麻薬物質〟といわれるのは苦痛を和らげ、痛さを緩和するからだが、実際はその刺激を受けて快感の本体であるドーパミンを大量に分泌させるという説もある。

脳内麻薬物質の脳内における作用機序は正確には分かっていない。だが困難な場合でも、それをカバーし、行動を促進するという機構が備わっていることは間違いない。「火事場のバカヂカラ」などという現象も危機一髪な状況においては普段からは信じられないような能力が発揮されることだ。これも困難なことに立ち向かい、それを達成したときは、快感という報酬が与えられるという予感が信じられない行動を駆動するのであろう。こうした作用が未来へと向かう気持ちを支えているのかもしれない。

東日本大震災後、被災地の人たちが「頑張ろう！」と必死になって生きようとしたのも、将来の「快」への期待だったからではないか。本来〝快〟を無意識に求めていくというのはそうした生命を持続するための駆動装置であったはずだ。

「必需品」から「必欲品」、さらに「必楽品」の時代へ

私は現代の生活ニーズの基調は「快日常」の追求だととらえている。**「衣食足りた」成熟社会では〝快〟こそが、もっとも普遍的ニーズとして浮上してきている**といってよい。

ちなみに戦後の日本の消費ニーズの変遷を眺めていくと**【図1】**、まず「生」の充実の向上を求めるための〝人並みの暮らし〟の追求があった。これが戦後の高度成長の推進力となった（**必需品**の時代）。それが成熟化が進行した１９８０年代から、

図1　戦後消費ニーズの基本的変化

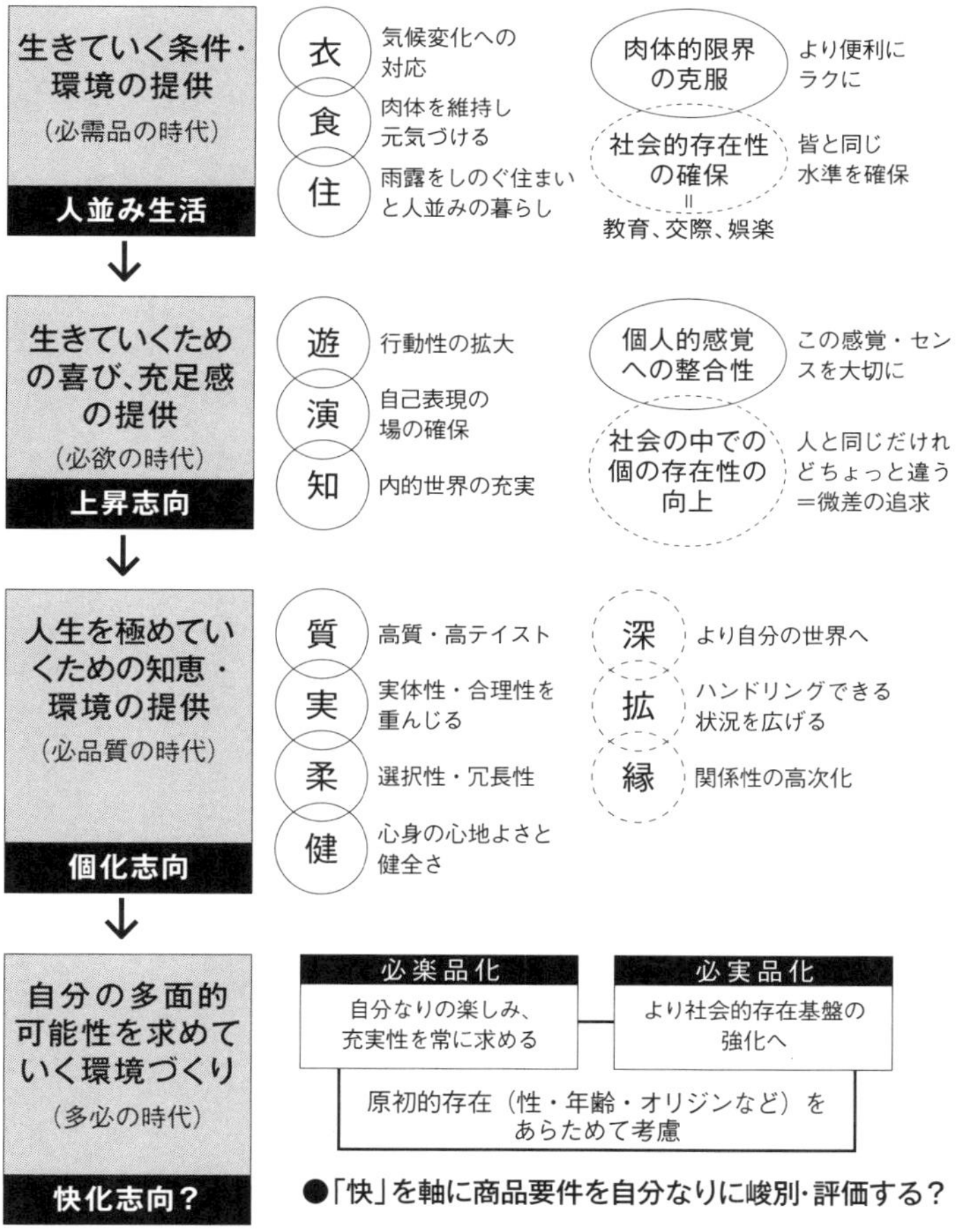
生きていく条件・環境の提供
（必需品の時代）
人並み生活
衣
気候変化への対応
食
肉体を維持し元気づける
住
雨露をしのぐ住まいと人並みの暮らし
肉体的限界の克服
より便利にラクに
社会的存在性の確保
皆と同じ水準を確保
＝
教育、交際、娯楽
生きていくための喜び、充足感の提供
（必欲の時代）
上昇志向
遊
行動性の拡大
演
自己表現の場の確保
知
内的世界の充実
個人的感覚への整合性
この感覚・センスを大切に
社会の中での個の存在性の向上
人と同じだけれどちょっと違う＝微差の追求
人生を極めていくための知恵・環境の提供
（必品質の時代）
個化志向
質
高質・高テイスト
実
実体性・合理性を重んじる
柔
選択性・冗長性
健
心身の心地よさと健全さ
深
より自分の世界へ
拡
ハンドリングできる状況を広げる
縁
関係性の高次化
自分の多面的可能性を求めていく環境づくり
（多必の時代）
快化志向？
必楽品化
自分なりの楽しみ、充実性を常に求める
必実品化
より社会的存在基盤の強化へ
原初的存在（性・年齢・オリジンなど）をあらためて考慮
●「快」を軸に商品要件を自分なりに峻別・評価する？

個の自立や感性の輝きを求めて果てしなく欲望を拡大させる「**必欲品**」の時代へと変化する。これがバブル消費をもたらす原動力となった。しかしバブル崩壊による低成長への転落と時代の閉塞感の蔓延のなかで、人々は再び生活の充実を図る志向と、一方で私的快楽を求める志向の並立へと向かう。これは「**必実品**」ともいうべき生活の再編成と、「**必楽品**」というような生活のなかの快楽を求める志向へと分化する。その延長線上に今日的な「快日常」の希求がある。

〝おいしさ〟のクオリアをどう表現するか

私たちの生活ニーズで一番〝快〟と直結しているのが「食」であろう。食生活は生命を持続させるための必須要件であるが、しかしそこに「おいしさ」を感じ取らなかったら積極的な食行動を人はしない。まさに食は今日的な〝快〟の位相を指し示している。

では、人はおいしさをどう感じ取っているのだろうか。多くの食品メーカーは新製品を売り出すとき必ず「おいしさ」を訴求する。「まずい」という食品はあの「青汁」しかない。でもこれは逆説的表現であるから、おいしさを否定しているわけではあるまい。

だが、そこに果たして「おいしさ」を感じるかどうかは「おいしい」という主張とはまったく別問題である。食品にとっておいしいということは基本的条件である。その上で栄養があるとか、健康にいいとかいう条件が乗ってくる。「良薬口に苦し」とはいうが、こと〈食の対象〉として考える限りおいしくない食品は成立しない。

では私たちは「おいしさ」を食べる前にどう感じ取っているのだろうか。それは過去の厖大《ぼうだい》な食経験で学習してきたことがベースになっている。毎日食するなかで私たちは自分にとっておいしいものを自然に把握している。そしてそこから類推して目の前にある食のおいしさを期待して、口に運ぶ。この連続である。食欲を生むのは直接的には空腹感（血中のブドウ糖濃度による）を感じることによって視床下部の摂食中枢が働くことだが、しかしそこに「おいしい」という期待感が湧き上がらなかったら積極的に食べようという気は生じない。我々の食行動は事前にどうおいしさ感の片鱗を感じているかということにかかっている。少なくとも消費行動としての食欲求を揺り動かすのは、おいしさの予感や期待である。つまりその食品ごとのおいしさのクオリアをどう感じ取っているかがすべてである。

私は以前「おいしさのクオリアを探る研究会」という勉強会を組織化していた。その理由はマーケティング的には**すべての食品メーカーが新製品を出すたびに「こんなにおいしくなった!!」と訴求するのに、消費者がその「おいしさ」をどう感じているかということにまるで無頓着だった**からである。

各企業の「おいしい」という基準は研究室や工場で官能検査係という専門家が規定した「おいしさ」であって、消費者が実際の食場面でどう味を感じているかということとは別問題である。各社はそれぞれに味の専門家によって「おいしさ」の規定をしていて、その範囲に入ったものを出荷している。しかし実際の食事の場に関わるわけではない。先の「おいしさのクオリアを探る研究会」は生活者が感じている「おいしさ感」になんらかの共通の指標を設定しない限り、食品開発の進化はないという本質的問いかけだった。実際生活者はおいしさの予感をどう感じ取っているのだろうか。それは目の前に提示された食事のクオリアのなかにどう「おいしさ」の予兆を感じ取っているかということになる。

味覚というのは口中で感じる液体化（あるいは半液体化）した食品に含まれる化学物質を、舌や口腔内にある味蕾《みらい》で感知する仕組みである。この味蕾には味細胞があり、五味といわれる甘味、塩味、酸味、苦味、うま味を感じ取っている。ただ味を構成する要素はそれだけではない。五味に加えて口腔内の粘膜で捉えられる触覚、圧覚、痛覚、冷温覚などの口腔内触覚、さらに鼻で感じる嗅覚（匂い）も食味を左右する要件である。加えてソフマティック・マーカーという体内からのフィードバック情報もある。これらを総合的に感じながら食品のおいしさを判断している。（註8／アントニオ・R・ダマシオ『生存する脳』）

ちなみに七味といわれるのは五味に渋味と辛味を足したもので、渋みは舌表面の収縮性、辛みは痛覚による。しかし実際には目に入ってくる食品の姿や食べる場面や環境、歯でかじっている音など、**おいしさは五感総体で感じるもの**である。それは限りなく〝限定的〟である。その場の状況に左右されるし、各人の遺伝的特性や食体験による嗜好性も無視できない。あるいは育った地域の食習慣もある。また、体調は味を決める一つの要素でもある。これらのパラメーターが相乗的に作用しているのだから、毎回毎回感じている味わいは異なると考えたほうがいい。

図2　おいしさを規定する要素

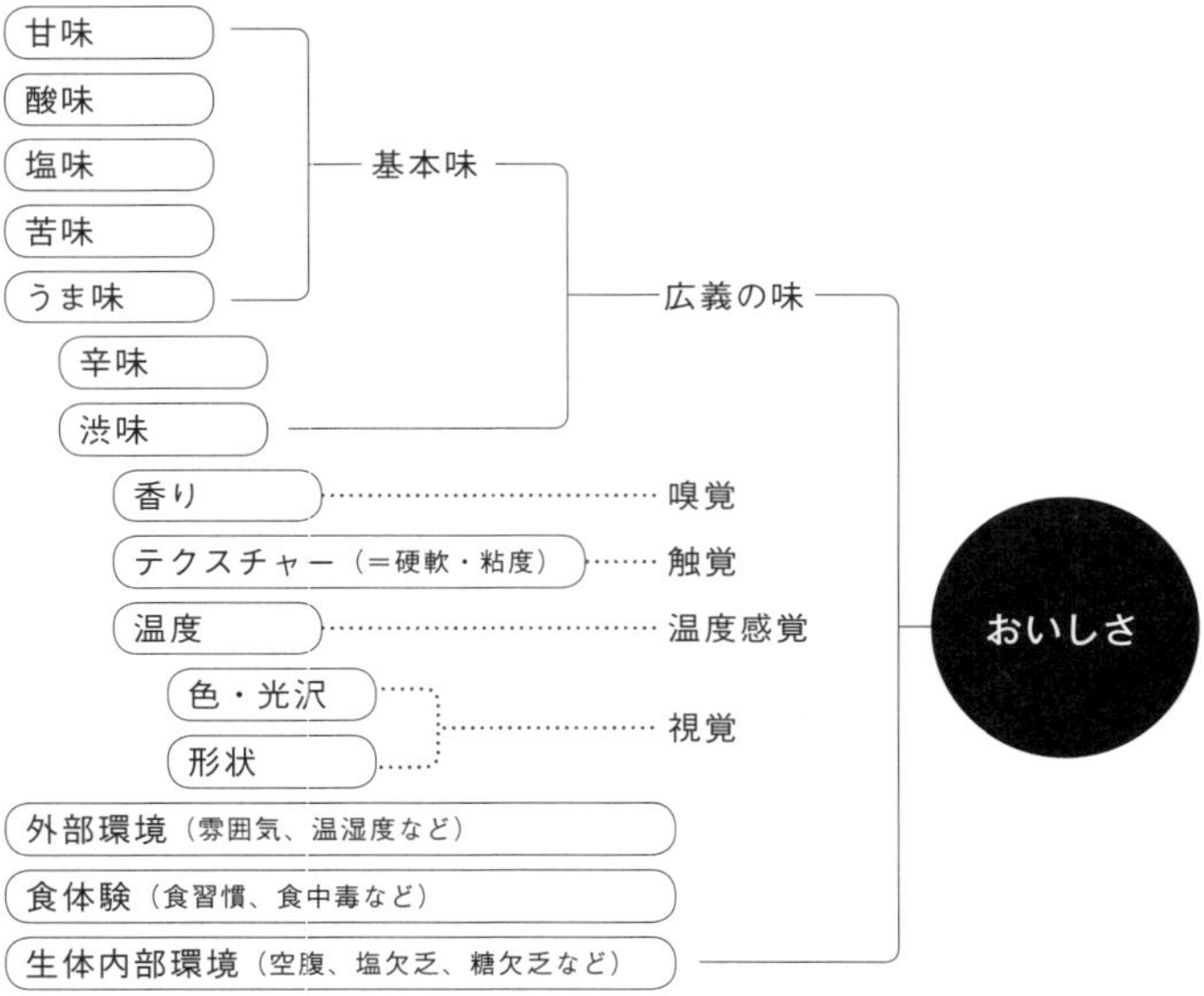

にもかかわらず本当においしいものは確かに「おいしい」と大多数の人は感じる。ある面それは生得的である。もちろん遺伝的に決定されている受容性はある。甘いものは体のエネルギーであり、優先的に補給されなければならない。塩味は体内のPH濃度を調整する役割を果たすから、これも不可欠だ。

うま味は体をつくるたんぱく質のもとになる成分が含まれる。だからおいしさの主要素として設定されたのだろう。苦みは本来毒物の信号だし、酸味は腐敗物の象徴で、避けなければならないが、適度に加わることで微妙な味の調整役を果たす。こうした五味のバランスにおいしさの基準値が設定されるのは十分納得できる。

しかし実際に我々が味表現する場合には、五味に加えて口腔内触覚に関わる要素が圧倒的に多い。とくに日本語では食感に関するオノマトペが駆使される。**しこしこ、まろやか、とろとろ、さっぱり、スカッと、さらさら、こりこり、ほかほか**等々、その表現の形態は無限といってもいい。こうした口腔内触覚に関するオノマトペがおいしさのクオリアを伝えている。人がおいしさを感じるのはこうした〝味のクオリア〟を総合的に把握しているからであろう**【図2】**。

これらは独特のおいしさ感を連想させる要素が内在している。たとえば「**まった**

り」といったらまぐろのトロや牛肉の霜降りを思い浮かべ、思わず唾液が分泌される。「**ほかほか**」といったら炊き立てのご飯を連想させる。そこには温度感だけでなく、ふっくらとした食感や、一粒一粒光ったコメの視覚的連想も包含される。これらは個人の経験から連想される「おいしさのクオリア」である。

クオリアを表現する上でオノマトペは大きなヒントとなるが、日本語は実にそれが豊富である。食に関するオノマトペは無限といってよい。とくに食感に関するオノマトペが圧倒的に多い。歯応えを表わす言葉でも、**カリカリ、コリコリ、ボリボリ、グチャグチャ、クチャクチャ**と無数にある。これは口腔内触感が味（のクオリア）の形成に無視できない役割をもっていることを示している。こうした食感に着目することで、新しいヒット商品になるものも多い。多くの食品におけるヒット商品は、新たな食感を生み出したことで成立する。最近の『**ポン酢ジュレ**』のヒットなど、その典型で、いままで液体だったポン酢を柔らかいゼリー状にしたものだが、それがポン酢の味わいにおいて従来とは異なる新鮮な感じを生み落とし、新たな利用シーンをもたらしたのだ。人々がおいしいと感じる感覚には食感の作用というものが非常に大きい。ふぐもマグロのトロも食感の魅力で人々の嗜好をもたらしている。

したがって食品の新商品開発に当たっては〈新食感〉（そういうブランド名の食パンがまさに存在するが）をどう見い出し、素材とマッチングさせるかがカギとなろう。

こうしたオノマトペ表現で伝わる味覚のクオリアがおいしさへの期待感を醸成する。それは過去の食経験がおいしさの記憶として貯蔵され、おいしいという快感の感情とともに保管されているからにほかならない。

今更言うまでもないが、「おいしい」というのは食における〝快〟の象徴である。食卓に並ぶ食事のなかに〝快〟の兆候を感じ取り、食することの期待感を生み出す。おいしさは感情の苗床で保持されてもいるのだ。それは本能レベルだけでなく、人生の無数の食機会という学習成果を経て形成されている。

もし新たな食品商品の市場化を目指すなら、そのユーザー個々がもっているおいしさの形成過程を検証しながら、ある食品にどういうクオリアを感じ取っているかを感情レベルにまで遡及して検討しなければならない。エモーショナル・マーケティングにおいて〈食〉はより本源的ニーズであるがゆえに多くの示唆を与えてくれる。

TV離れでかえってヒット商品が出やすくなった

ヒット商品というのはより多くの人の〝こころ〟をとらえたものである。個性化・多様化する時代に共通の欲求を抱くというメカニズムはどこに存在しているのだろうか。「エモーショナル・マーケティング」としてはなぜ多くの人を席捲するヒット商品が現れるのかということを、人の本源性に即して解明しなければならないだろう。

もう28年くらい前になるが、日本のマーケティング界を揺るがした論争があった。電通や博報堂といった代表的な広告代理店のプランナーらが「**分衆**」とか「**少衆**」という概念を提唱した。これはすでにマスとして括れる一様な志向を持った大衆は消え、それぞれが自立した個に変貌してしまったという視点からである。

だからマスメディアによる一律のプロモーションではなく、多元的なコミュニケーションが必要だと主張した。そうしたところ大手テレビ局から「いや大衆はまだ健在である」との反論がなされたのである。その証拠としては相変わらずテレビを見る人たちは圧倒的多数になるという論拠である。私はこの時独自の「小衆」という概念を提示し、個として自立化したからこそ、ヒット商品のような「大衆的現象」が起こるのだと主張したことがある（註9／「小衆論の提起」）。いま振り返ると、この問題は人間の本質に関わることだと「エモーショナル・マーケティング」を提唱するなかで再び気づいた。

いまやインターネット時代に突入し、テレビや新聞だけにすがって情報を得ている人はほとんどいなくなった。国民生活時間調査では相変わらずテレビを見る時間は1日に3時間以上になるという（註10／ＮＨＫ国民生活時間調査）が、それだけで満足している人は少ない。

私の家内などはテレビはつまらないといって、毎日レンタルビデオを借りてきて観ている。韓国ドラマから戦国武将ものまで毎日2～3時間はビデオ観賞だ。私はスカパーを契約してもっぱらサッカーを中心にスポーツ観賞だ。もちろん毎日インターネットを検索して面白い情報を探している〝ネットサーフィン族〟も多くなったし、そのなかでネット通販を活用したり、ネットオークションにのめりこんでいる人も少なくない。少なくともテレビ放送（地上波）だけに頼った情報行動に終始している人はほとんどいなくなった。生活時間調査でも20代以下の世代では「テレビをほとんど見ない」という人は20％近くにも達するという。その意味では確実にマスメディア依存の人は減少し、「脱大衆化」は進んでいる。

しかしこのことと多くの人々を席捲するヒット商品が出ないということは別問題だ。ヒット商品を生み出すうえでマスコミのパブリシティ効果は無視できないが、それだけでヒット商品が生まれるわけではない。ヒット商品というのは量的訴求で煽ったから生まれるというものではない。

この辺のメカニズムについては拙著『21世紀型ヒット商品の条件』を参照されたいが、消費者の自立こそがヒット商品を生み出す温床になっていると私は見る。個々人が適正な判断をした結果、多くの人が共通に選択するヒット商品が生まれるというのが真実だ。**世の風潮に何事も従うという〝物言わぬ大衆〟が健在だからではなく、一人ひとりが固有の判断をする自立した〝小衆〟に変化したから、実はヒット商品が出やすくなっている**という構造である。

ここには他者の気持ちを慮り、それに合わせて自己の行動を設定するという共感構造に目覚めた人たちがいる。私の周辺を見ていてもいわゆる〝流行りもの〟にすんなり従って購入する人は少ない。むしろ反発感のほうが多い。しかしそれなりにいいものは受け入れられていく。それは他者が評価するものの意味を自分なりに確かめ、それを追認していくという協調性が備わっているからだ。こうした「共感の構造」が、先に述べた「100匹目のサル」的現象を産み落とす。では他者と気持ちをすり合わせようという気持ちはどこから生じるのだろうか。

一つは「寄らば大樹のかげ」とでもいうような、大勢に従っていれば安心できるという心情である。ここではヒット商品は安心のクオリアを発しているといえよう。

ヒット商品の陰に〝情的コミュニケーション〟がある

だが、それだけでヒット商品が生成するわけではない。ヒット商品の構造を例示する考え方に、まずイノベータ層が動き、そのあとを「**アーリーアダプター**」が続く。そしてそのあとを「**レイトアダプター**」が追随する。そしてついには「**レイトマジョリティ**」から「**ラガー**」といわれる無関心層も巻き込まれるという「**消費者の階層**

図3　消費者の階層性

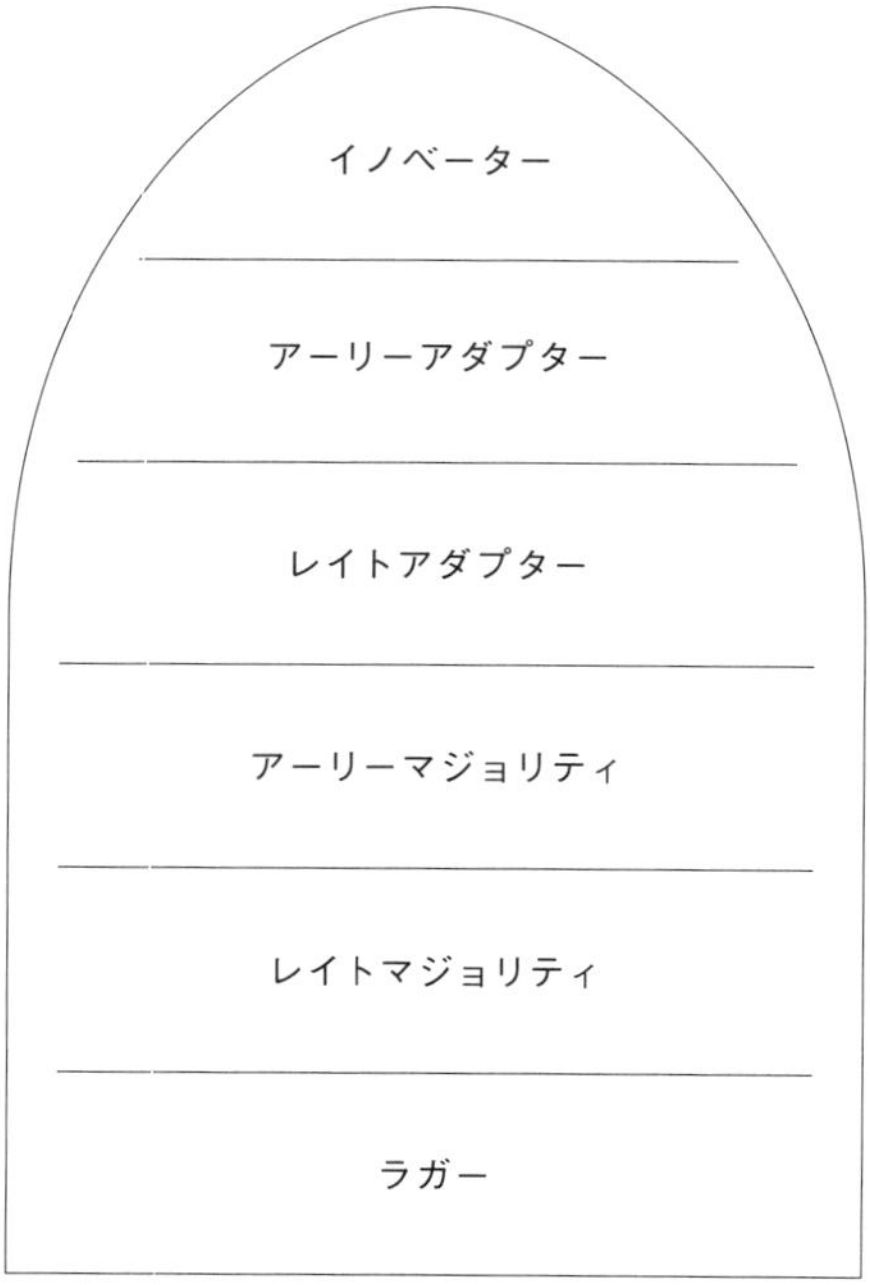
イノベーター
アーリーアダプター
レイトアダプター
アーリーマジョリティ
レイトマジョリティ
ラガー

説」がある**【図3】**。この層的構造のなかでとくに追随層になる「アーリーアダプター」がカギを握ると私は診る。

イノベータ層もさることながら、アーリーアダプター層が市場の支配権を握り出したことが、成熟化の主要な性質だと思っている。彼らは好奇心も強いが、ある意味安全を狙うという志向ももつ。ただ未知の快を闇雲に求めるのではなく、状況を検証しながらより適切な〝快〟を得ようとする。多くのヒット商品はこうした志向をもつアーリーアダプターが追随するかどうかにかかっているのではないだろうか。

イノベータだけにすがると瞬間花火に終わってしまう。多くの新奇型商品が話題にはなっても、大きく広がらないのは、追随層をとらえる汎用的魅力や利用環境が芽生えないからである。

アーリーアダプターはイノベータ層とは違うが、ある種の共感性に強く反応する資質をもつ層だ。感情の同化を強く求め、そのなかでの自己表出を図ろうとする。この人たちをその気にさせるのは〝**共感遺伝子**〟とでもいうべき、人々に感化しながら、それをもとにコミュニケーションを広げ、ある現象を敷衍《ふえん》させていこうとする志向の作用である。それがヒット商品生成の影の要因かもしれない。それは他人との同調化がマズローのいう「愛と帰属のニーズ」の実体化の一つであるからだろう。この他者との協調（ひいては社会への帰属）の成立こそ、個人の欲求を普遍化する駆動力である。

「交感価値」が社会性をもたらす

実は「愛」という感情をもったことが人間の進化に大きく影響しているという考えがある。ただの性的欲求ではなく、他者との関係の向上を求めていく気持ちだ。もちろん動物でも自分の種族や家族を守ろうという本能はあるし、協調するチームワークをもつ。

だがそこに相手の立場を慮りながら、自己と他者の関係を向上させていこうという〝心配り〟は人間だけの特性であろう。その原動力が「愛」だといったのは、いまは亡き松本元氏である。その原点は母親が子供を抱いて笑顔を注ぐという行為にある。母親に愛情を注がれた子供は人を愛するということが〝こころ〟の共感性を育んでいくことを学習するというのである（最近その点で子供を抱かない母親が出てきていることは情緒不安定な人間を生む影の要因になっている）。この「愛の感情」の獲得が脳を成長させたという。先に述べた「エントレインメント」という波長を自動的に合わせる作用は、母と子のコミュニケーションの原点である。ここから人間本来の愛情が芽生えてくるというのである。母親から愛情を注がれるなかで、子供は脳を発達させ、〝こころ〟を獲得していくのだ。（註11／松本元『愛は脳を活性化する』参照）

アントニオ・ダマシオがいうところの「社会的情動」（註8／『感じる脳』参照）という高次の感情の実体と、そして本能に従って飽くなき生を求めていく欲求とをつなぐのが人間的な「愛の感情」かもしれない。

人間は「社会的動物」であり、本質的に関係欲求をもっている。それは知的判断によるものだけでなく、人に添い、人と協調して生きていこうという心持ちで、これは感情レベルで成立している。**その原点が「愛」で、それが昇華して他者を尊敬していこうという気持ちにまで高まる**。

社会的感情はただ生きる上での損得を超えた崇拝とか博愛という気持ちにまで高度化するが、それは人を愛し、愛されたいという〝こころ〟から生じる。ヒット商品という現象のなかに私はそうした崇高な人間の感情の進化を垣間見るのである。もし関係欲求をもたなかったら、他者と交流しようという気持ち（交感欲求）も成立してこない。

現代では**商品に求められる主要な価値とは「交感価値」とでもいうべき〝こころ〟の交流にある**。これは感情的共振を求めていこうという志向にほかならない。すべての消費行動のベースには、まず〝情〟の交流があるのである。それは感情の共感を得られることがコミュニケーションの前提となるからである。コミュニケーションを成立させるのは〝こころ〟の共振だが、それは感情が対象に向かい、〝こころ〟を開くことから始まる。それには〝こころ〟の扉を開く快の鍵がまず開かれねばならない。そして他者と協調（共感）していくということがより強い〝快〟を誘うのである。

第2章

エモーショナル・マーケティングとは何か

What is "Emotional Marketing"?

感情が「クオリア」をつくる根源

ここで本書の基本視点を確認しておきたい。

人間はその時々でどうした行動をとったらいいか、それを探し出すために情報を入手する。消費生活においても、商品がいかに〝快〟につながるかを探索していく。その判断指標となるのが商品のクオリアであり、なかでも「面白い」というクオリアが新たな消費行動を引き出す役割を果たす。「面白い」雰囲気をもつ商品をどうつくれるか。これがマーケティングの根本である。

では「面白い」クオリアとはどういうことであろうか。**今日の生活ニーズの中軸は「生」と「活」の二つの「いきる」の充足である**と私は推測している。そのなかのとくに**「活」を刺激する兆候がいわば「面白い」というクオリア**である。

生存するための条件の獲得は人間にとっては不可欠であるが、それだけでは決して満足できないのが現代人である。もっと「生き生き」と自分らしく生活していきたいと願っている。それが自分らしい創造的な生活を求めていく起因となる。その創造的な対象に向かっていくには、心が浮き立たなくてはならない。**しぼんだ心からはなんの創造活動も生まれない**。自ら「面白い」と思わないものには心は向かわない。心を向かわせるということの起動力を生むのが「面白い」という心情である。それが「活」の対象となる。

人間は常に面白いことを求めてきたから進化したし、個人の成長も面白い人生を歩むためにある。面白さを感じ、面白いことを追求しなかったら、もはや「生けるしかばね」である。だから面白いことを求めて突っ走る。それが人々の行動原理になっている。そのことが人類にとって永遠の進歩の原動力ともなってきた。

もっとも消費行動の対象としては「面白い」ものだけ追いかけていては成立しない面もある。「生」を維持するという前提はいかなる時でも重視される。だから当然消費対象としては二つの側面をもつ。まず「生」の条件確保のためのものであり、生命・生体を保持するものである。これはかつての消費経験のなかから「安心して取り入れていいもの」として認定されたものである。つまりこれは「馴染んだ」というクオリアを抱えるものである。馴染んだということが「安心」の最大の条件である。だがそれだけでは心（脳）は満足しない。

図４　消費の今日的意味

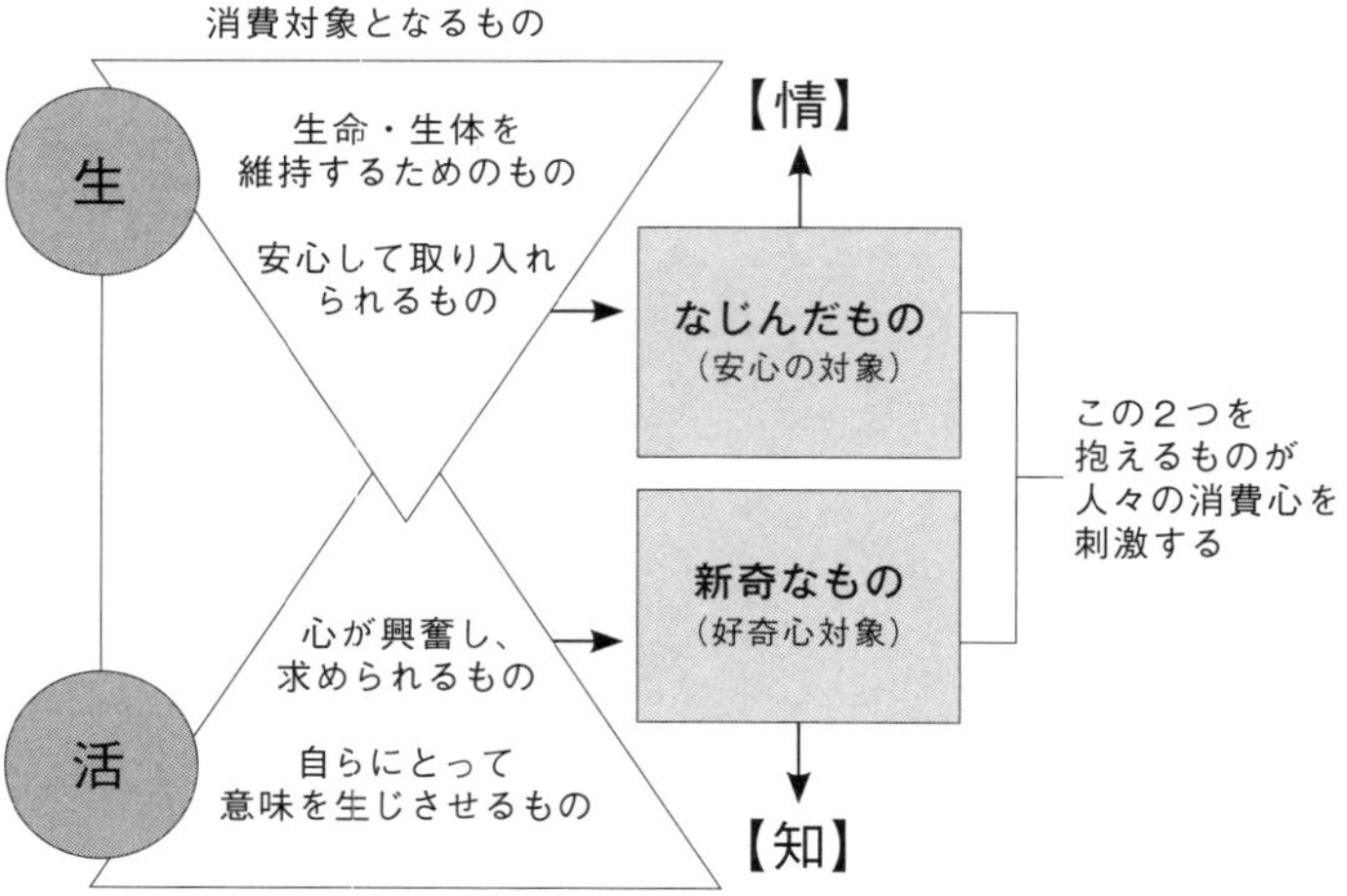

消費対象となるもの
生
活
生命・生体を
維持するためのもの
安心して取り入れ
られるもの
心が興奮し、
求められるもの
自らにとって
意味を生じさせるもの
【情】
なじんだもの
（安心の対象）
新奇なもの
（好奇心対象）
【知】
この２つを
抱えるものが
人々の消費心を
刺激する

〝こころ〟が求めるものとは、どこか気持ちを浮き浮きと興奮させ、そこに向かっていこうという衝動を与えるものである。これは自らにとって「いきる（活きる）」意味を生じさせるものである。これが「面白い」というクオリアを感じる対象であり、新奇なものへの好奇心につながる。この二つが兼ね備わないと消費対象にはならない**【図4】**。

この二要素は一見矛盾する。新奇なもの—それは未知数であり、「安心」できるという保証はない。すべて未知なことに向かっていては、それこそ体がいくつあっても足りないということになる。**未知に挑戦しながらそこにいかに生命の安全を保証していくか**。ここが無視できない要件となる。その時判断の指標となるのは、新奇な対象がかつて〝快〟を提供してくれたものとどういう類似性をもつかということだ。すなわち**「既知の〝快〟」から推測される「未知の〝快〟」なら、ひとまず安心**ということになる。この時の〝快〟の兆候の安心性を見定めているのが感情の記憶である。かつてそれなりの〝快〟をもたらしてもらったものに近いかどうかを感じているのである。これが「**安心のクオリア**」である。

感動という究極の感情も、それが生命の危険を伴うものだったら、とてもじっくり味わっている余裕などないだろう。たとえばバンジージャンプやジェットコースターは、その体験からいうときわめて衝撃的で感動を呼ぶものであるが、人は本能的に恐怖感を受けざるを得ない。本質的に危険は感じざるをえない。いくら安心といわれても身体的危険性は避けられないから、明らかに人は恐怖感にさいなまれる。しかし慣れてくるとそうした恐怖感もある人たちにとっては快感に変わる場合もある。感動と恐怖は紙一重の差なのである。

ここで**新たな体験が普遍的な感動につながるには、かつて安心だった状況と類似したような印象（クオリア）を与えることで、無条件で受け入れられるような感覚を提示すること**である。それは**かつての快体験に遡及した状況の創出**である。既知の快から推測される未知の快への期待が、より本源的な快へと誘い、感動の伏線となる。したがって感動の苗床に収まっている根本的な快の兆候がなにかを突き止めることが重要となる。

人々が本当に感動していると全身全霊で感じられるような瞬間をどうつくり出せるか。それは人間が**生きている息吹をどう共有化できるか**にかかっているのではないだろうか。これは個人的体験だが、サッカーのスタジアムで味わう一瞬の興奮とどよめきは、「**リアルな場**」を介在しない限り体験できない質のものであると思う。テレビ観戦では決して伝わらない興奮がある。こうした**場の共有性がもたらすシンクロナイゼーションこそ、共感の原点**である。共感が一挙に高まる感動体験は、ダイレクトに心に響くリアルな瞬間の構築によって生成するのだ。

たとえ「感動」という言葉が陳腐化しようが、やはり「感動の瞬間」を求めていくことが、新たな時代的価値を垣間見せていくことにつながる。いま私たちは「**感動のクオリア**」の原点を探り、その本質的意味を深化させていく時期にある。それには新しい「感動のクオリア」を見つけ出し、発信していくことだ。そうでない限り表面的な価値の追求だけに終わり、人々が真に感じる価値とは何かが捨象されてしまう危険性がある。

私は「**クオリア・マーケティング**」の意味は、人間が「感じる世界」の解明に基づきながら、より〝こころ〟の奥底まで入り込む価値づくりと情報発信をしていくことだととらえている。その根底にある感情の原初的形態こそ感動という〝こころの震え〟ではないかと思う。「感動」を陳腐化させないためにも感動の本質を探究し、その再生に取り組む必要があろう。マーケティングとは人々との共感づくりの営為だとすれば（その根本的紐帯《ちゅうたい》がブランドである）、より一層の感動の追求は必至である。

「ダサカッコイイ」や「ブスカワイイ」はなぜウケる？

クオリアとは「**心で感じる生々しい質感**」であるが、その解釈＝感じ方は時代とともに変わっていく。それは物事を解釈する基準となる価値観が変容していくからである。**感情は環境によって可変的だ**ともいえる。

最近の男性の髪型を見ているとそれがよく分かる。いまの若者にとって「かっこよい」ヘアスタイルとは、俗に〝**無造作ヘア**〟と呼ばれる髪をきちんと撫でつけずにあえて無秩序に立たせたような髪型である。これはヘアスタイリング剤が整形能力に優れたワックスになってから顕著になった。その陰には男性がロングヘア化していることもあるし、ヘアカラーの一般化も貢献している。**髪はキチンと頭部に撫でつけるものという価値観が変わってきている**。これはマンダムの『**ギャツビー**』

などが普及させてきた若者の新しい美的感覚である。俗に「**ダサカッコイイ**」といわれるこうしたヘアスタイルは、『ギャツビー』がタレントの本木雅弘などを使って訴求してきた成果として人口に膾炙していった。

このように従来あまり「カッコよい」と思われなかった感覚が市民権を得て、肯定的に用いられていく例は意外と多い。このところのタレントを見ていくとどう見てもかつての美男美女という範疇《はんちゅう》から外れるタレントが人気者になっている。幸田来未の「**エロカッコイイ**」はまだ分かるにしても、南海キャンディーズのしずチャンの「**ブスカワイイ**」や柳原可奈子の「**フトカワイイ**」に至っては少なくとも私たちの世代の審美眼からは大きく外れる。しかしこれが魅力のクオリアとなっていることは事実である。そういわれてつくづく眺めてみると「かわいらしく」思えてくるから不思議である。

もっともマツコ・デラックスや楽しんごなど、〝**おネエ系タレント**〟の氾濫はメディア特有の〝こわいもの見たさ〟のような感覚なのか。〝**おバカタレント**〟も含めて、視聴者に優越感をもたせるという〝快の変化活用〟の一種かもしれない。

タレントというのはその時代の価値意識の鏡であるから、こうした価値性が魅力の要件として市民権を得てきていることは間違いない。当然価値観の変化は消費ニーズにもバイアスをかけることになる。

ＡＫＢ48のような**素人タレントの跋扈は、人々に根本的な安心感を与える**からであろう。つまり**日常の身の回りにいる友達が、たまたまテレビ画面に出ているという感覚**だ。人々が受け入れる対象とはまずなじんだものであるという説があるが、普通の女の子ということがこうした安心のクオリアをもたらす。素人タレントの跋扈は１９８０年代の「おにゃんこ倶楽部」に端を発すると思われるが、そのあとの「モーニング娘。」からＡＫＢへと時代の求めるシンボルとしての質は異なるものの、安心感を与えるという点では不変である。しかしいつまでも同じ娘では鮮度が落ちる（いつも同じ隣の女の子では飽きてくる？）ので、グループのなかで入れ替えるという作用で常に情報発信していく。ブランド＝タレント名は同じでも中身は常に新陳代謝していることで、人々の新奇欲求も吸収していくというわけだ。親和性と新奇性という人間の根源的欲求の位相に対応した巧みなマーチャンダイジングといえよう。

食感でいまもてはやされているのは「まったり」とか「ふんわり」といったソフト的口当たりである。**マグロのトロが絶大な人気を誇るのも、牛肉の霜降りがもてはやされるのも、それがソフトな食感に包まれているから**である。本来ならこれらは刺激があまりない兆候であり、むしろ脂肪分が多いというマイナス的要素である。それが微かな旨みと組み合わさることで、なんともいえない快感を誘う。

そういえば最近の若者の好物は野菜サラダというが、野菜が好きなのでなく、マヨネーズの味と口当たりがたまらないのだという。俗にマヨラーといわれるマヨネーズを常に手放さない種族がいるが、癖になっていくうちにやわらかな食感に包まれたものがいつしか「おいしさの基準値」になっていくのかもしれない。そういえば食品に限らずソフト志向の商品が快感をもたらす要素に浮上してきている気配がある。納豆の豆がご飯に絡まり柔らかく刺激する『**金の粒ふわとろ**』（ミツカン）や米菓をふんわり焼き上げた『**ふんわり名人**』（越後製菓）といった食品は言うに及ばず、泡の力をうまく活用した『**プリティふんわり泡カラー**』（花王）や、『**CHARMY 泡のチカラ**』（ライオン）など、ふんわり感が功を奏しているヒット商品も数多い。

“大きな音”を快感に変えたウォークマン

人々に受け入れられる質感が時代とともに変化してきている。**クオリアとは一定ではない。常に時代の価値観との相克でそれが“快”の予兆となりうるかどうかの基準値が変貌しているの**である。

常に新たなクオリアが生成されているのだ。そのなかで快・不快の基準も微妙に変化していると思わざるを得ない。たとえば『**ウォークマン**』以来の携帯オーディオの普及がなかったら、周囲の雑音をすべてカットしてしまうような大きな（個人的）音響空間に耳が包まれるということはなかったに違いない。本来大きな音は恐怖感を呼ぶものだが、携帯オーディオは大きな音に拘束されるということを快感に変えてしまった。

またコンピュータ・グラフィックスの映像は実写に比べるとどこか不自然なのであるが、それが通常のビジュアル感覚にゲーム世代ではなっている。そういえばうちの学生はテレビゲームやアニメに出てくるような現実にないおどろおどろしい怪物的キャラクターを描く者が実に多い。好きな対象が時代のなかで大きく変化していることは確実のようだ。

このように我々が受容するクオリアは常に変化している。それは発達したメディアが常に新たな感覚を創造し、私たちに提示しているからである。むしろ**今日のクリエイターの役割は未知の感覚を開拓することだ**といってよい。それがマスメディアやネットメディアを介して急速に浸透している。常に「感性」は新たなものが創造されているのである。

こうしたなかで「感じる世界」の基準が変容してきている。今後立体映像が大衆化したり、あるいは超臨場感をもたらす五感環境が整備されてきたら、私たちの感ずる世界はどう変化していくか――想像がつかない。**クオリア自体が可変性をもつということは、そこに新たな感覚を実体化するようなマーケティング的提案が求められているということだ**。つまり新たな需要を開拓しようとしたら、新しいクオリアの形を実質化することである。それが好奇心を引き出し、新たな市場形成につながる。新製品開発とは新たなクオリアの開発にほかならない。このことをどうマーケティング戦略のなかに組み入れていくか。あとで述べるが、プリミティブな五感環境の創発の可能性も考慮しながら探求していかねばならない。

田舎の地酒に過ぎなかった「いいちこ」はなぜウケたか

このように私たちが「感じる世界」は日々進化しているが、だが人間が本源的に受け入れられるクオリアというものにも着目しなければならない。『**いいちこ**』は日本で一番売れている蒸留酒であるが、その世界はクリエイティブ・ディレクターの河北秀也氏（東京芸術大学教授）が描くポスターやテレビＣＭの世界に規定されている。

『いいちこ』は大麦と麦麹《むぎこうじ》からつくったすっきりした味わいが持ち味の麦焼酎であり、幅広く焼酎ファンに愛されている。『いいちこ』が世に出ることにより、１９８０年代から本格焼酎が急速に普及し、日本の蒸留酒の主流になっていった。いまでも本格焼酎内のシェアは18％ぐらいあり、トップの地位を堅持している。

もともと焼酎というのは南九州の〝地酒〟に過ぎない存在であったが、『いいちこ』が都会の酒場や食卓に浸透していくことにより、一挙に市民権を得て、それまでの蒸留酒の主軸だったウイスキーやブランデーを市場の隅に追いやり、完全に大衆酒としての地位を確立してしまった。それは、比較的低アルコールである、飲みやすい、悪酔いしない、水割り・お湯割り・ロックなど多様な形で飲めるという特質が、さほどアルコール耐性が強くない日本人にフィットしていたからである。

だが、もし『いいちこ』というブランドが生まれておらず、そして河北秀也氏がこの『いいちこ』のマーケティングを担当していなかったら、今日の焼酎の隆盛があったかどうか。それは結果論になってしまうが、小さなニッチ的市場だった本格焼酎をここまでメジャーにしたのは、『いいちこ』の力といってよい。『いいちこ』のポスターを一度でも見た人間は、その表現されている世界が普遍的な懐かしい光景に包まれているのを感じざるにはおれないだろう。これは九州に育った河北秀也氏が感じた「心の原風景」を世界中に追い求め、再現していることによって成立している。

『いいちこ』が初めてポスターを製作し、駅などに張り出したのは1984年であるが（テレビCMは86年から放映）、この時から一貫して表出される世界はまったく変わっていない。もちろん対象となる光景は毎年変わるし、その表現の仕方も随時工夫を施されている。しかし伝わってくる世界観はずっと不変なのである。ポスターとテレビCMは同時に世界のある場所で撮影される。毎年描写される風景は異なるが、その表現性は見事に相似的である。テレビCMがポスターと異なるのは、ビリーバンバンの透き通った歌声にくるまれているということぐらいである。一貫したトーン&マナーが『いいちこ』という定番ブランドを支えている。ブランドの世界づくりがいかに重要かが『いいちこ』のブランドイメージには凝縮されている。

この『いいちこ』が醸し出す世界は20数年間まったく変わっていない。プロモーションを始めた80年代中ごろのCMやポスターをいま見ても、まったく古くないし、新鮮さが漂ってくる【図5】。それは**〝こころ〟の奥底に入り込む馴染みやすさと深遠さに包まれているからだ**。これらはすべて河北秀也氏が抱いている「心の原風景」を世界中の風景のなかから探り出し、再生しているからにほかならない。これが『いいちこ』という焼酎のクオリアになっている。それはなんともいえず心の底にしみこんでいく不思議な懐かしさを保っている。しばしば**子供が『いいちこ』のポスターを眺めて「早く『いいちこ』が飲みたいよ」というらしい**が、そのくらいこの表出される世界は普遍的な快楽の温床を垣間見せている。一度でもポスターを見たこと

図 5 「いいちこ」のポスター（例）

麦焼酎「いいちこ」は、1984 年以来一貫して同じトーンのコミュニケーション戦略を展開している。その時間の重みが他の追随を許さない独自のブランド・イメージを醸成している

1985年

1992年

1999年

2012年

がある人は分かるだろうが、そのなかで『いいちこ』が訴求されているのは、風景のなかのどこかにそっと置かれた『いいちこ』のレギュラー瓶（900ミリリットル）と旋律を奏でるかのように踊っている『iichiko』のロゴタイプだけである。

しかしこのさりげなさがポスターで描かれている世界と『いいちこ』という焼酎の商品性をものの見事に同化させ、『いいちこ』のアイデンティティを表出している。『いいちこ』が描く世界が人を惹きつけるのは、その風景が誰でも一度は見たことのあるような〝懐かしさ〟に包摂《ほうせつ》されているからである。これは河北秀也氏という一人のクリエイターが求めている世界に過ぎないのだが、誰もが見慣れた光景のように感じる。これが『いいちこ』を一杯口に含んだ時に味わう、なんともいえない快感の原点と同期している。もちろんユーザーの誰一人としてポスターやCMで展開されている景色を見た者はいない（撮影スタッフを除けば）。なぜならロケ地は河北が世界中の風景の片隅から探してくる、そこにしかない光景だからである。にもかかわらず多くの人をひきつけ、そこに『いいちこ』のおいしさを髣髴《ほうふつ》とさせるのは、それがあまりにも普遍的な抒情性に包まれているからだ。

私は『いいちこ』のこの世界づくりに、人々が本源的に求めている〝快〟の世界の一つの類型を見るのである。あまりにも懐かしい、しかしそれゆえに常に新鮮な刺激を誘発する——そうした〝快〟の源流を感じる。もちろんクリエイティブ作品としても一流であるが、それ以上に〝こころ〟の奥底に仕舞われた原風景を再生させる提案力が、いつしか『いいちこ』を飲む（飲みたい）というアフォーダンスを引き出すのである。（註12／拙著『奇蹟のブランド「いいちこ」』ダイヤモンド社参照）

次々と新しい概念が提示され、技法的にも表現内容的にも新たなクオリアが発信されている現代において『いいちこ』の手法が通用するというのは、人々が求める本源的な世界がまだ眠っているということを暗示させる。それこそ大地に抱かれたなんともいえない心地よさの感覚であるのだろう。こうした感覚をつい我々は忘れがちになるが、限りなく心の原風景に訴求するような感性の表出が、いまという時代のなかで求められていることだということを認識すべきだ。

なぜ『いいちこ』の世界が心地よい快感を誘うのかというと、それは懐かしい母の胎内にいるような錯覚をもたらすからではないか。人間の最も本源的な感覚は胎児のときに形成されるというが、『いいちこ』はそうした原初的記憶を再生させる効果をもつ。それは意識化される以前の記憶である。河北氏の優れた感性がこうした快の根源を刺激するのだろう。まさに誰も否定できない〝こころ〟の奥底に忍び込むメッセージ性である。ここでは人間性の原点を踏まえたマーケティングの実質化が未だ有効だということを示している。『いいちこ』の醸し出すクオリアは商品やブランドにおいていかにトータルな世界観を提示し、共感を誘っていくことが大事かを示唆している。

感情が「勘定」に直結する

これは誰でも経験することだろうが、レストランやスーパーで従業員につれない態度を取られたら、客たるもの当然腹が立つ。もちろんそこで働く人がいつも機嫌がいいとは限らないし、常時客に媚を売っているわけにもいかない事情はある。そんなことは誰でもわかる。しかし、店員の態度が悪かったら、その企業や店に対しての印象は悪くなること必至である。それは不快な記憶として客にはずっと保持されていく。こうした〝感情体験〟が、企業やブランドへの評価に直結していることに留意しなければならない。つまり感情の記憶こそが、企業への印象をつくり出している原動力なのである。

しばしば購入した製品についてのなにか不明な点がある時、我々は発売元の企業に直接電話をかけて、質問をすることがある。購入した以上、その製品を十全に使いこなせないとしたら、それは対価を払う意味がないから、顧客としては当然の行為である。最近の情報機器などは操作がややこしいから、不慣れな人にとっては分からないことだらけだ。しかしこんな場合担当者にタライ回しされた揚句、有効な説明や案内が返ってこないことが実に多い。担当者からすれば忙しいさなかに半可通の顧客にいちいち親切に説明しているわけにもいかない事情もある。しかしこんな時幾ばくかでも不信感を抱いたら、その印象を拭い去ることはなかなか難しい。

つまり**感情的な反感や不満をもたれたら、ブランド成立の基盤は最早形成されないということだ**。従って、いかに「好感」を有してもらうか。そこにマーケティングの素地が構築される。感情的に忌避されたら、マーケティング・コミュニケーションは成立しない。

最近「**顧客満足度**」が重要な経営の指標になり、どこの企業でも顧客相談の窓口の充実に力を入れている。ただ多くの場合、その対応はマニュアル化され、要領よく顧客の要求にこたえていくことが先行する。一部の〝クレーマー〟といわれる人を除けば、多くの顧客とて相手の事情も分からない分別のない「分からずや」ばかりではないから、それなりに説明すれば分かってくれるはずであるが、担当者の態度によってはカチンとくることもある。そして一度不信感を抱かせたら、その印象はなかなか消えない。それは感情の記憶だからである。マニュアルに基づききちんと対応していたとしても、その時の態度に悪印象をもたれたら、ブランドイメージは台無しになってしまう。逆にこちらの立場に立って親切に対応してくれたら、その好印象は大切に保持され、企業への期待感を高める効果を呼ぶ。私もいろんなところで不快感や悪印象をもったことは数知れないし、店員が素敵な感じだったから、その店が好きになったということはいくらでもある。

数々のエピソード体験は感情とともに記憶されている以上、顧客の感情にいかに配慮するかは商売の原則といっていい。**感情はまさに「勘定」に直結する**のだ。

〝生活者の代理人〟として振舞うマンダムの社員

顧客に好感をもたれるにはどうしたらいいか。いい商品をつくるのは当然のことであるが、それよりも**その企業に働く人が常にいきいきと楽しく行動していることが大きい**のではないか。笑顔は言葉を交わす前に、人々の心を開かせ、お互いの気持ちの同調を誘導する。この時すでに顧客の〝こころ〟は〝快〟の期待に満ちている。笑顔を見た時すでに顧客は満足感を味わっているのだ。そして安心して気持ちを委ねてくる。こうしたことは「接客術」の原点である。だがそのためには働く人が常に楽しい気分でいられることが条件である。いくら感情を抑えようとしてもそれは表情のどこかに出現してしまう。**不機嫌さをもって仕事をしていたら必ず態度に出る。そして表面的な「つくり笑い」でごまかされるほど、客は甘くない**のも現実だ。

私はマーケティングの原則として「交感価値の開発と伝達」ということを主張しているが、その原点は企業と顧客との感情の交流をいかに図っていくかということにほかならない。そうでないと本当の意味でのブランド・ロイヤリティなど築くことはできない。それには供給者と消費する側が常に「気持ちいい関係」で結ばれていることが不可欠の条件となる。これは顧客と直結する窓口の担当者が常に笑顔で仕事をするということにとどまらず、すべての構成員が気持ちよく日々の仕事に取り組むということがあって、初めて可能になる。それには社員一人ひとりが、その会社に愛着をもち、常に楽しく仕事をしていくことが求められる。

経営者や管理者の役割はスタッフがいかにいつも楽しく、快適に仕事ができるかを考え、そうした環境をつくっていくことにあるといっても過言ではない。ということは、その会社で働くということが、常に心地よい気分と未来への〝快〟の期待で満たされているということだ。**なぜなら人間は〝快〟の期待に震えている時、最も気持ちよく生き生きとしてくる。快自体が最大の報酬である**からだ。

そうした気持ちよく働く人が多い会社は、その心持ちが当然顧客にも伝わる。商品を開発し、製造している人たちが、それ自体に面白みを感じ、楽しさを追求していなかったら、本当に顧客の期待にこたえることはできない。

男性化粧品のトップブランドの『ギャツビー』をもつマンダムは〝生活者へのお役立ち〟を企業行動の原点に掲げ、「生活者発生活者着」をマーケティング行動の原則にしている。そして**社員は常に〝生活者の代理人〟として日常的にふるまうこ**

とが要求されている。そのために20年も前から「エブリディ・カジュアルウエア」を実施し、普段着感覚で仕事をするように勧めている。だから、社内はみんなTシャツ&ジーパンである。経営者ですらワイシャツ・ネクタイ姿は稀である。こうした風土から、若者の新たなグルーミング行動を先導するユニークなヒット商品が輩出される。それは**常に生活の楽しさを社員全員が追求している**からだ。

楽しいということは意欲を高め、さらに面白い状況を追い求めていく起因力ともなる。こうした社員の気持ちに配慮したエモーショナルなマネジメントが、結局のところ顧客の期待と共感を獲得する。楽しい気分の積み重ねという感情体験が、企業の存在自体をいきいきと映じさせるのではないか。感情はすべての行動の出発点であるということは、企業という組織の在り方まで規定する行動原理である。

感情のマネジメントにどう取り組むか

人格形成において求められるのが**「心豊かな」存在になる**ということだ。「企業の感性」が問われる今日、**いかに〝豊かな心〟をもつ人がその会社に多くいるかが、**

企業の存在価値を左右する要件になってきている。それは顧客との信頼関係を築き、高める上で豊かな感情の交流が不可欠となっていることによる。顧客の〝こころ〟に入り込むことが、企業の存在性の目安となってきているとすれば、それは機械的なコミュニケーションからは決して生まれない。人と人との生の肌の触れ合いが必須なのだ。人の肌ざわりを感じられる企業こそが、消費者の〝こころ〟に入り込むことを初めて可能にする。それこそが「感じる力」であろう。**「感情のマネジメント」が適切にできるか**。それが能力ある社員を育て、企業全体の活力向上にもつながる。「こころのマネジメント」を企業経営の中軸におくことが新たな繁栄を導くということが、ますます明快になりつつある。

ここで注意したいのは、**企業は知的存在であり、科学的に経営は行われなければならない**という視点があることだ。私もかつて『知本主義研究会』なる勉強会をもっていて、情報社会を迎えて、企業の知的総合力をいかに高めるかということを提唱していたので、そのこと自体を否定するつもりはない。日本的経営の神髄としての**ナレッジ・マネジメント**（これについては後述する）の意義も認める。

だが企業経営という点では、決して技法や知識を体系化したいわゆる「形式知」

的なものよりも、企業のＤＮＡや企業風土、その会社の気風みたいなもののほうが、実態を規定している面が強い気がする。これは人々の気持ちの保全として存在している。これらの無形資産を重視していくなかから心の交流は始まる。

私はいままでかなり多くの日本の大企業とつき合ってきたが、その過程では目に見えない各企業の気質や習慣、イメージにずいぶん振り回されたものだ。それぞれの企業に独特の〝癖〟があり、それを理解しないとつき合うことが難しいということがしばしばあった。良いとか悪いとかでなく、そうした各人の感情の苗床となるエモーショナルな風土というものが改めて経営上無視できない要件となっている。

〝情〟に強い企業が感動を生むことを可能にする

豊かな感情をもつということは「人間的」ということに通じる。その人間性をつくり出すのが「こころのマネジメント」の目的である。これはどうしたら可能なのだろうか。私は人事教育の専門家ではないから、いま適切なプログラムをもっているわけではない。だが確実に一ついえることは「人間的交流」に満ち溢れている企業は魅力的だということだ。社員が自由闊達《かったつ》に活動し、それが全体の経営の場にフィードバックされている企業は、明らかに活力を感じる。そうした企業像を多くの経営者は目指しているはずだ。

ここで少し「こころの知能指数」といわれる**EQ**についてふれておきたい。

ＥＱとは一般に人間の能力の指標とされるＩＱに対照させて、アメリカの経営コンサルタントのダニエル・ゴールマンが提唱したもので、感情（Emotion）の豊かさを表す指数である。ゴールマンはビジネスマンの能力は「ＩＱが20％、ＥＱが80％」とまでいい切る。そしていかに感情をコントロールしていくかが経営のコツであることを指摘している。ここではＥＱは「情動の知性」と規定され、自らの感情状態を知り、コントロールするとともに、相手の感情を洞察することの大切さを指摘する。ＥＱに配慮した経営は一部広告会社等で盛んに取り上げられ、人間を〝感情の動物〟としてとらえ直し、その資質をうまく活用していくことの必要性が提起された。この本質はいまも揺るがないと思う。

ところが往々にして組織が大きくなると秩序を保つことが優先され、人間臭さが排除されてしまうことが大勢である。もちろん企業トップの人格の問題も無視できないが、とかく組織の維持が先行すると味気ない会社になってしまうのが世の例だ。「**エモーショナル・マネジメント**」といったとき、こうした組織の肥大化に伴う、人々のこころ（EQ）の後退といった問題をどう克服していくかが問われよう。各社員が生き生きと活動し、企業全体が活性化している。そこには必ず〈感情の交流〉があるはずだ。（註13／ダニエル・ゴールマン『EQ〜こころの知能指数』講談社＋α文庫）

一つヒントを与えてくれそうなのは「**ホロニック・マネジメント**」の視点である。「ホロニック」とは〝全体的な〟ということであるが、その元になっているホロン（holon）とは〝個と全体の統合化〟を意味する。「全体子」という訳が与えられているが、むしろ「関係子」ともいうべき存在だというのは清水博金沢工業大教授（場の研究所所長）である。（註14／清水博『生命と場所』NTT出版）

それぞれが個として生き生きと存在していながら、全体が有機的に機能している状態である。清水氏によると「**全体という着物を着た個**」ということになる。一人ひとりが自立化していながら、たえず全体の状況に配慮し、自己の行動を自律的にコントロールする能力である。この時重要になるのが全体と個の情緒的同期性ではなかろうか。全体の志向と各人の気持ちがシンクロしているということだ。いくら企業内で創造的に振舞おうと志向していても、それが全体の方向とずれていたら、逆効果である。これは明示的な目標設定というよりも、組織風土や企業の気風が個人の志向と合致し、創造性を育んでいるということに左右される。

エモーショナル・マネジメントとはそうした個と全体の気持ちの刷り合わせを円滑に行うということである。個人の感情を殺すのではなく、生かしていきながら、そこによりポジティブなモチベーションを与えていくことである。残念ながら感情の今日的位置づけに基づく、個人の感性（感じる知性）の十全な発揮を誘導していくようなマネジメント理論は確立していない。私も余裕があったらぜひ取り組んでみたいテーマではあるが、一介のマーケターにはやや身が重すぎる。

ただ「人間は感情の動物」という原則を容認しながら、それを日常のコミュニケーションのなかでどう実質化していくかという視点が必須となろう。気持ちの同化というのは、お互いの感情状態を察知し、認め合いながら相互に波長を合わせていくということである。ここではコミュニケーションにおける感情のもつ役割と意味づけをきちんと認識していくことだ。

最近ビジネスにおけるコミュニケーションのスキルが重視され、それを育成する「**コーチング**」という技法が注目されている。そのコーチングのなかで指摘されるのが「**ラポール**」という概念である。「ラポール」とはフランス語で〝橋を架ける〟という意味であるが、場を共有している関係、気持ちが通じている状況、波長が合っている状態のことである。コーチングでは「ラポール」を築くために、次ページの〈図表6／ラポールの形成〉に見るような種々のマッチングといわれる手法をとることを推奨している。感情は必ず表情等に表れるから、なんらかの身体的行動をとることで、気持ちの同調を図っていこうという意図である。

　これらは個々のコミュニケーション技術としても重要だが、エモーショナル・マネジメントといった時、全体という場と個々の気持ちがどう同期しているかということが問題となろう。**企業経営で最も重要なのは、みんなが心を一つにできるような共通の場があるかどうかだ**。それは全体としての**「感情的ラポール」の形成**である。人々の気持ちが同期しているのは、そこに共通の場があり、心の交流が活発化しているからである。これは〝情〟のマネジメントができているということにほかならない。組織を機能集団として見て、効率だけを追い求めると個々の気持ちが蔑《ないがし》ろ

図6　ラポールの形成

【ラポールとそれを実現するマッチング】

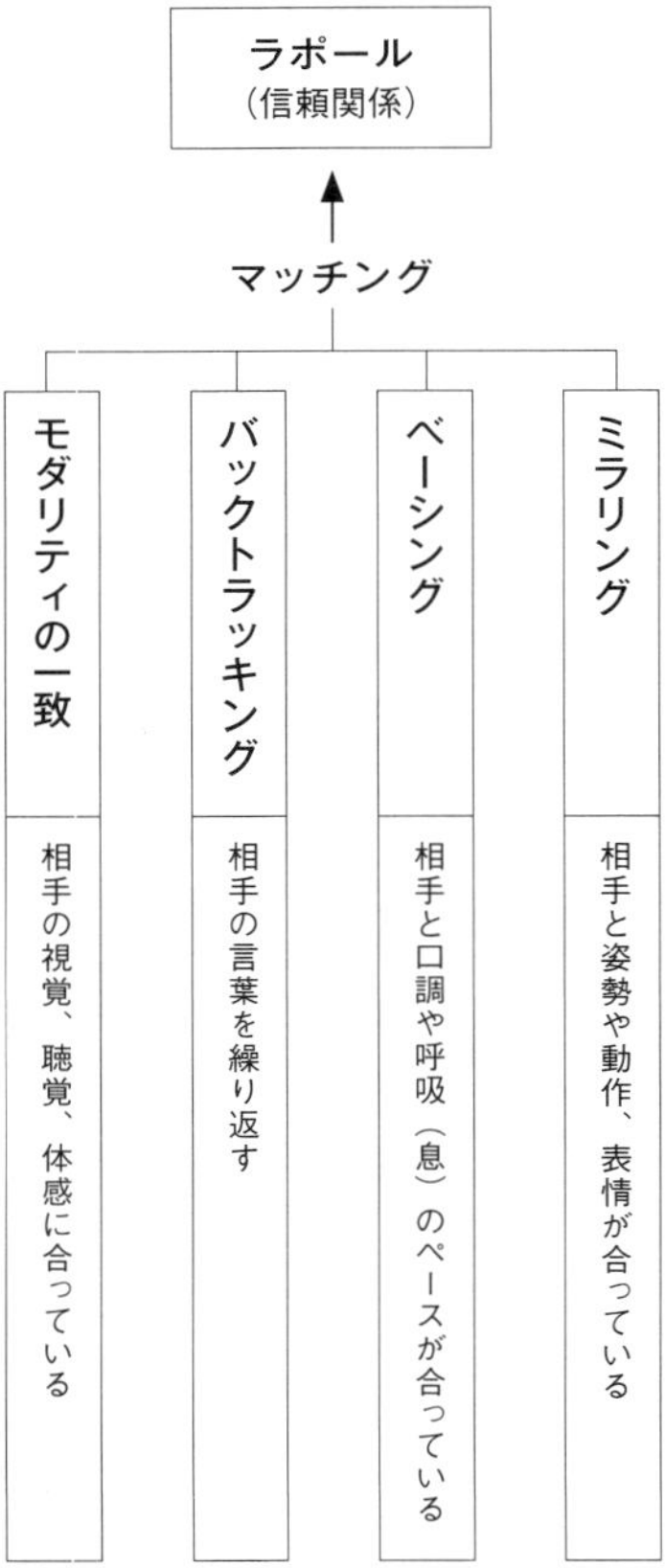

にされてしまう。個が生きてこそ全体が活性化するという関係をどう実質化するかが求められる。そうした企業はエモーショナル・ダイナミックスに溢れているはずだ。

このエモーショナル・ダイナミックスをどう発揮させるかが、企業経営の隠れた課題といえよう。先に紹介した株式会社マンダムでは「全員参画の経営」を目指し、そのために**社内に〝知的な賑わい〟の場をつくる**ことを追求し、個が生き生きと働いていけるような雰囲気づくりを目指している。これが個々の活動を全体にフィードバックさせるとともに、全体の流れを一人ひとりの社員に浸透させることを可能にする。個と全体の感情レベルでのシンクロナイゼーションを追い求めていくことが、タフな企業をつくる近道である。どうも効率のみを求める近代的な経営論の跋扈は、個をスポイルし、迸《ほとばし》る感情の息吹を減殺してしまう。これではたとえ業績が上がったとしても、個人は沈んでしまう。

まずなにより社員一人ひとりの気持ちをくみ取り、〝情〟に厚い企業をどうつくるか。そこに明日のマネジメント課題を設定すべきではないか。それには個々の気持ちを忖度《そんたく》し、分かち合う企業風土づくりが不可欠となる。個人の感情を企業の中軸におくことが、新たな顧客の感動を誘導する風土を生むはずである。

なぜなら**人間性が希薄な企業からは人の心を動かすような提案が生まれようがない**。社員全員が生き生きと活動し、常に創造性を楽しんでいる。そうした風土があればこそ、顧客も信頼をし、気持ちを委ねてくるのである。顧客との関係においても〈感情の交流〉を求めるなら、企業自体も生き生きとした情感に溢れていなければなるまい。感動とは究極の感情の交感から生まれる。「感動」を標榜するなら、それを具現化する企業とはどういう存在であるかがいま問われている。

ナレッジ・マネジメントの本来の意味

「ナレッジ・マネジメント」ということがしばらく前からいわれるようになった。企業は知的存在であり、知の発信源である。その地位を高めていくには、企業の知的能力を磨いていくことが求められる。「企業の知」をどう求め、確立していくか。これは決して間違いではない。だがその根本には、**知は優れた感性から生まれ、そ**

れは生き生きした感情状態がもたらすということに留意しなければなるまい。

日本における「ナレッジ・マネジメント」の提唱者である野中郁次郎氏は、「企業の知」として「**形式知**」と「**暗黙知**」の二つをあげている。これはきわめて重要なことで、とくに「暗黙知」の存在は企業の知的能力の隠れた財産である。形式知とは明文化されたノウハウや知識である。いわゆる知的財産の対象はこうした形式知の蓄積である。これに対して〈暗黙知〉とは明文化されない企業の気質や風土みたいなものである。これを大切にして企業文化を築いていくことが企業の〈知〉を保持していく秘訣となる。「暗黙知」は構成員の体に染みついた各企業のアイデンティティやクリエイティビティといってもよい。**【図7】**

よくいわれる「**企業のDNA**」もこうした「暗黙知」の一種であろう。暗黙知はあえて〈知〉といっているが、むしろ「企業の感性」に近い独特の価値意識ではないだろうか。ナレッジ・マネジメント＝知識経営というから、知識や知性という大脳新皮質的資質が着目されるが、もっと根源的な企業の個性＝感性を指すと考えられる。その点で〈知〉に集約しきれない企業のパーソナリティみたいなものがものをいうのだ。

図７　ナレッジ・マネジメントの構図

暗黙知

各自が経験を通じて学習した結果獲得した知識で
表出化（ビジュアル化）されてないもの

■ 言語化しえない、言語化しがたい知識
■ 経験や五感から得られる直接的知識
■ 現時点の知識
■ 身体的勘どころ、コツと結びついた技能
■ 主観的、個人的
■ 情緒的、情念的
■ アナログ知、現場の知
■ 特定の人間・場所・対象に規定されることが多い
■ 身体経験を伴う共同作業により共有、発展増殖が可能

形式知

暗黙知の表出化されたもの。他人にとって
利用可能な形を備えたもの。組織が共有する財産

■ 言語化された明示的な知識
■ 暗黙知から分節される体系的知識
■ 過去の知識
■ 明示的な方法・手順、事物についての情報を
理解するための辞書的構造
■ 客観的・社会（組織）的
■ 理性的・論理的
■ デジタル知
■ 情報システムによる補完などにより
場所の移動・移転、再利用が可能
■ 言語的媒介を通じて共有、編集が可能

ただ**企業の知とは「集団知」**だということである。個人個人の知的能力の確かさもさることながら、それが**集団として相乗効果をもって発現されていなくてはならない**。これは**単なる個人の知の総和ではない**。組織においては、単純に個人の知を足し合わせても、全体の知として成立するかというと疑問である。単に個の知の総和では、かえって各個人の能力は減衰し、全体パワーの効果的発揮につながらない。それは各自の位相が異なるからである。

実は個人の知的能力を生かすためには、そこになんらかの**共通の志向性**を与えることが必要で、その役割を果たすのは感情である。もっというと「何かしたい」という目標性を司る情熱や衝動である。全体知を高めるには各人の志向性の位相をそろえることが不可欠であり、それを可能にするのは感情の同期化である。つまり「気持ちを一つにする」というプロセスがあって、個の能力も十全に発揮される。集団としての知の向上を図ろうとするなら、感情レベルでの交感を軸に気持ちの同期化を図っていくというマネジメントが不可欠になる。

こうした感情の同期を生むものとして**同じ場**を共有するということが無視できない。インターネットの普及でバーチャルなコミュニケーションは果てしなく普及し、電子メールはじめＳＮＳ、Facebook、ツイッターなどは、いまや当たり前になったが、電子情報に乗せた途端に情報は減殺されてしまう。物理的にも情報は圧縮されるのだが、それ以上にコンテクスト（意味性）が薄くなってしまうのだ。今日のケータイなど本来の情報機器から逸脱して、ほとんどが他愛のない〝情〟の受発信である。**実は電子メディアの怖いところは〝情〟自体を減衰して伝えてしまうということ**だ。だからメールやメーリングリストなどで討議していると、いいたいことが正確に伝わらず曲解されてしまうということにしばしば陥ることになる。

ところが同じ時空間を共有しているリアルな場だと、そうしたコミュニケーション上の齟齬《そご》をすぐ修正できるし、なにより相手の気持ちを察して、気持ちを通わせようと努力する。さらに実際のコミュニケーションにおいては言語だけでなく、身振り手振りや顔の表情等が無視できない役割を果たす。

エモーショナル・マネジメントといった時、こうしたリアルな場をどう設定するかは無視できない要件だ。最近企業でも情報機器の普及で、社員同士で言葉を交わすということが激減しているが、だとしたら意識的に実際の交流を図る場をどう設定していくかはマネジメントの重要課題といわねばならない。人間は感情の交流をもとに以心伝心の関係をもつことができる性質を有する。その能力をどう生かすかが問われている。

こうした感情の交感があることにより、個々の能力が組み合わさって、足し合わせた以上の相乗効果を発揮する。それは組織（企業）とは「複雑系」だからである。**複雑系は「全体は部分の総和より大きい」という特性をもつ系**である。この全体の総和以上の大きさを生み出すのが、要素同士の協調による**相乗（シナジー）効果**の発現である。各要素が全体の志向性を吸収し、自らを自律的に活性化しながら、他者と協調して振舞うことで、その成果が倍加してくる。複雑系としての特性を生かすのは、個々の志向の位相の共振性である。これがないとせっかくの個々の知も生かせない。こうした作用を生むのが感情の交流に基づく気持ちの同期化なのである。美術館や博物館で「キュレーター」（一般に学芸員という役職のことが多い）と呼ばれる人がいるが、これからは人間関係のキュレーションが要求される。人々の気持ちを刷り合わせ、その共振構造を生み出す役割である。〝エモーショナル・キュレーター〟みたいな資質の開発はこれからのマネジメントの隠れた課題である。

クリエイティブな企業のつくり方

最近「**コラボレーション**」(collaboration)ということが頻繁にいわれるようになった。コラボレーションとは「協力する」ということで、コミュニケーションよりは一歩進んだ関係性の創出である。それは単に「1プラス1」が「2」という結果にとどまらず、「2プラスα」を生み出すシナジーの発揮につながることだ。このシナジー効果が発揮されることで、コラボレーションは初めて意味をもつ。

コラボレーションを生むには気持ちの同一化が図られねばならない。感情のレベルが異なっていたら協力作業などできない。いわゆる「気が合う」という関係をどう築いていくかが不可欠になる。「嫌いな相手」と協力作業などはできないからだ。

コラボレーションの前提は感情の交流に基づく気持ちの同期化であることはいうまでもない。これは複雑系だからこそ可能になる作用である。生きているシステムはお互いに波長を揃わせるエントレインメント(相互引き込み)という能力をもっている。これは無意識に協調したほうがいいという志向を抱かせ、協調化を図っていく機能である。コラボレーションを成立せしめるのはこうした「協調しよう」という気持ちの発生が前提となる。それをある程度意識的に推進するのが、キュレーションという方法と思われる。

この気持ちの同期化に基づく協力関係の具現化は、一人ひとりのモチベーションづけをもたらす。仕事に限らずなんらかの能力的負荷がかかる対象に対しては、人は必ずストレスを感じる。ストレスは苦痛であり、できたら避けようとする。それを克服するのは将来の快への期待である。苦労してやってもそれを上回る報酬が与えられるなら我慢してでも取り組もうという気になる。私など原稿を書く時いつもストレスに悩まされる。しかし書いていくうちに、内容に興味がわき出し発想が迸ってくる。やがて書き続けていくことが快感になってくる。それは苦痛を和らげるβ-エンドルフィンなどの脳内麻薬物質が分泌され、苦痛を快楽に変えていくからだと思われるが、なんか目標がないと人はなかなか苦役には臨めないものだ。

仕事をする上で最も大切なのは、こうしたモチベーションづけをどうコントロールするかということだが、他者との協調関係の創出は、それを可能にする枢要な手段である。他者に評価されるということは限りない喜び（つまり報酬）でもあるからだ。おそらく社員同士のコラボレーションが円滑に営まれている企業は相互の評価システムがうまくできており、それが各人にフィードバックされ、モチベーションづけにつながっているのではないか。チームスポーツなどでも気持ちの同調化に基づく相互の信頼と評価がなかったら決してうまくいかない。集団行動を支えるのはこうした「感情的アイデンティティの形成」なのである。

これを集団としての企業レベルでどう実体化していくかということが、エモーショナル・マネジメントの最大の課題である。おそらく集団としての位相がそろい、ある志向性をもって統合化した行動が発現されている企業は、そこにある種のクリエイティビティが表出され、消費者にとって魅力的な存在になっているはずである。こうした作用を生み出すことのできる企業は全体としての行動の位相がそろい、常に活力が創発されている組織である。つまり社員のコラボレーションが日常的に営まれている存在である、恐らくそうした企業は常に輝きに満ち溢れて、創造性が育まれているに違いない。

これからの企業は何より〈クリエイティブな存在〉でなければならない。企業のクリエイティビティをもたらすものは、エモーショナルな同期化に基づくコラボレーション関係が社員相互のなかに成立しているかである。そうした企業は消費者の心を打ち、魅力ある企業やブランドとして映じているはずだ。そうでないと消費者との信頼関係の構築など不可能である。

もう一つクリエイティビティはある種の**セレンディピティ（偶有性）**が刺激になるということが分かってきた。セレンディピティとはいわば「犬も歩けば棒に当たる」という偶然に遭遇することで、その偶然が新たな創造力の源泉になるということだ。ただしその偶然を生かすかどうかは、企業全体としての価値観の方向が揃っていることが条件となる。

実は「ナレッジ・マネジメント」とはそうした情感あふれるクリエイティブな企業をつくり出す方策であり、そのベースには社員の交感作用に基づく気持ちの協調がある。ナレッジ＝知が生きるのは、前向きな気持ちがあるからである。感情がポジティブであってこそ、個々の知的能力も生きてくる。感情は知を制御する。いかにいい心持ちをもつかが、知の全面開放をもたらす。それは知を働かせることが将来の〝快〟につながるという期待感の醸出によって支えられる。感情を前向きにコントロールするということ。それが結果として知的能力を前進させることになる。

こうしたメカニズムを企業全体でどう実現していくか。それがエモーショナル・マネジメントの真髄であり、クリエイティブな企業をつくる秘訣である。

究極のコラボレーションとは消費者との一体化

実は**究極のコラボレーションとは消費者との一体的関係の達成**ではないか。つまりコラボレーションのきわめつけは企業と消費者との良好な関係に基づく、新たな消費性を創発していくことである。**コラボレーションは社内同士の協力関係の創出にとどまらず、企業と消費者が切磋琢磨しながら、協力して良好な関係性を形づくり、新たな市場環境を創造していくことで果たされる**。こうした**「コラボレーション・マーケティング」こそ、成熟市場の最大の命題**である。コラボレーションの究極形は企業と消費者の関係性を革新し、常に新たな市場状況を創発していくことにほかならない。（註15／拙著『コラボレーション・マーケティング』ダイヤモンド社）

そうした消費者とのコラボレーションを実質化し得る企業こそがクリエイティブな存在である。「顧客第一主義」を掲げる企業は多くなったが、これはただ客におもねることではない。消費者にすり寄ればそれで支持してくれるわけではない。顧客との協力関係の構築とは、顧客の要請に盲目的に従うというのとは本質的に違う。なぜならいまの消費者は無条件に過剰なサービスを求めるわがままな存在とは違うからだ。顧客サービスと顧客とのコラボレーションはまったく次元が違う。もちろん顧客満足度の向上を求めていくことは不可欠だが、ありきたりの顧客満足の追求だけで顧客との協力関係が実体化するわけではない。

それはなにより**人が消費行動をするのは、自らの生活の革新を求めているから**である。消費とは生の生産・再生産の営みであるが、そこに自らの創造性を常に追い求めているのが今日の生活者である。そして自らの生活革新の「パートナー」にふさわしい企業やブランドを選択する。それが購買である。

ということは企業にとっても消費者はただ商品を売りつける対象ではない。撃ち落とすべきターゲットではない。お互いの関係性をもとにともに時代を革新していく「パートナー」である。互いに相まみえながら新たな価値観を実質化していく相棒である。だから成熟市場においては顧客の潜在意識を引き出すような新たな価値を提案しうる企業のクリエイティブ性が求められるのだ。

この**「パートナーシップ」創出の上で欠かせないのは、お互いの価値意識のシンクロナイゼーション**である。企業の価値観・世界観と、生活者の志向する新たな生活の位相が合っているかどうかが問題となる。ここでは企業は人々の「生活革新のパートナー」としての資格が問われる。交感価値の開発と普及というのは、人々の求める世界の予兆を企業が商品や事業を通してどう示せるかということに尽きる（68ページ図4／消費の今日的意味参照）。そうした企業だけが生活者の「パートナー」としての承認を得る。企業は常に新しい価値のありかを追い求め、それを顧客に提案していくことで存在意義を果たす。そしてその提案が支持され、持続的な関係が維持されていった時、初めて消費者は能動的な「顧客」に昇華《しょうか》する。けだし「顧客＝customer」とは〝習慣化（カスタム）した消費者＝客〟にほかならない。

企業と顧客が〝こころ〟のレベルで交流するには

顧客は獲得することより、維持していくことが大切だし、難しいことである。それには相互の信頼関係の構築が必須だからである。いままでのマーケティングは「市場をつくる＝顧客を獲得する」ことばかり追求していたきらいがあるが、むしろいったん獲得した顧客との関係性を保ち、信頼を維持していくことのほうがずっと大切なことである。

たとえば広告というプロモーション手段はいままで、新たな顧客を獲得する手法だと考えられていた。だからより多くの人にメッセージが伝わるように量的手段を取るのが通常だった。だがいったん獲得した顧客がすぐ離れてしまったらどうか。それより一度顧客化した人（つまり習慣化した人＝customer）を大切に保全していくほうがずっと効率はいい。そこで広告としては第2の目的が浮上する。**一度顧客化した人に「あなたの選択は正しいんですよ」と訴求する**ことである。これは結局のところブランドの存在感を示していくことになる。ブランドとは消費者との約束事であるからだ。多くの定番ブランドのプロモーションの目的はこうしたブランドとしての約束を果たし、相互の絆を高めていくために施されねばならない。

そしてそうした不断の関係性の維持と発展から、信頼性は生まれていく。ただ、顧客は決してただ従順に企業についていくだけの存在ではない。気も変わることはあるし、新しいものにも目を奪われていく。あるブランドを支持するのは、常にそ

図８　ブランドの今日的位相

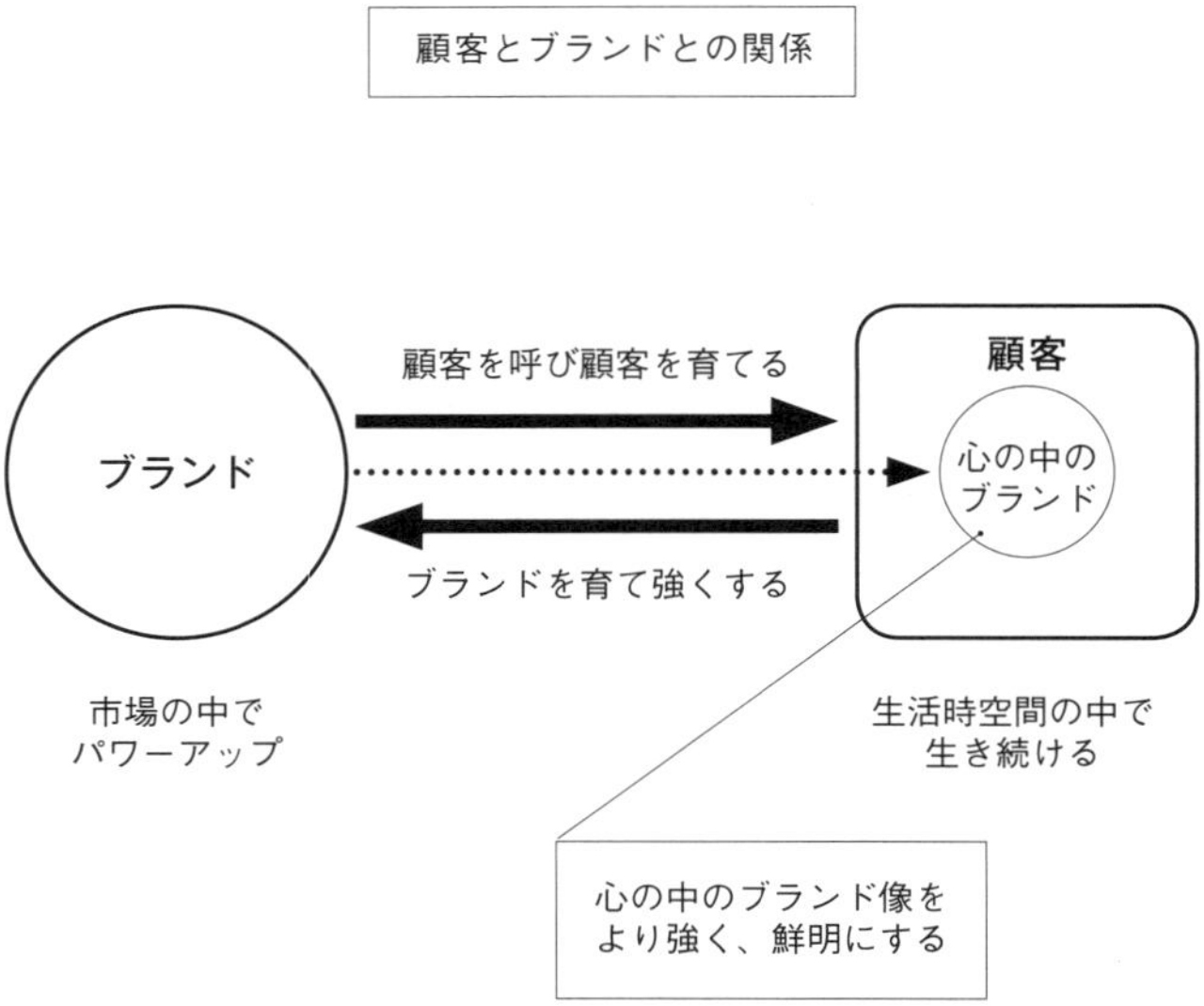

のブランドへの期待に供給者が応えてくれるという場合のみである。ここでは企業は常に顧客の〝こころ〟に配慮し、期待に違わぬ価値を創発していく主体であり続けねばならない。それはつまり顧客の〝こころ〟に響く価値提案を常に発信し、その具現化をユーザーと協力してやっていこうという姿勢を保ち続けることだ。

顧客と企業が〝こころ〟のレベルでどう交流していけるか。まさにそこが問われている。畢竟それはブランドを築き、大切に育てていくということに帰結する。ブランドは顧客をつくる源泉であるが、同時に顧客がブランドを育ててくれる。そうした相互作用の結晶が得がたいブランドの価値となる。**【図8】**

この相互作用を生むのが企業と顧客の〝こころ〟の同期化であろう。それには企業自体が〝心ある存在〟にならねばならない。ブランドの実体は顧客の〝こころ〟のなかに存在する。人々の〝こころ〟に蓄積されたイメージや愛着感や信頼感がブランドの資産の累計となる。経済的フローだけに目を奪われていると、そうした企業の存在感を増大させるブランドの意味が捨象されてしまう。ブランドは〝こころ〟の同期化によって成立するとすれば、それを生み出す企業と顧客の感情レベルでのコミュニケーションをどう実体化するかが問われる。

それは結局のところ**エモーショナル・ダイナミックス**を企業のなかにどうつくり出していくかということに尽きる。企業は確かに生物ではなく、感情をもつ存在とはいい切れないかもしれないが、顧客の〝こころ〟をつかむには、自らエモーショナルな能力を磨いていく生命体であることが問われる。それはいままで述べてきたように、社内で気持ちの交流が活発に展開され、〝こころ〟のアイデンティティが確保されている有機体になることではなかろうか。人の〝こころ〟を慮る姿勢からそうした根元的な企業力が生まれてこよう。エモーショナル・マネジメントが要求される所以《ゆえん》はまさにそこにある。

第3章

なぜその商品がほしくなるのか
——重要キーワード解説

What makes us want to buy that product? Important Key Words

情報……〝情〟に触れるとはどういうことか

本章では、心が揺さぶられるメカニズムについて、重要キーワードを中心にあらためて整理してみよう。

Informationを「情報」と訳したのはかの森鷗外だそうである。「情けに報いる」という意図らしいが、今日的に考えると実に名訳である。それは我々の〝こころ〟に入力される情報とは、単なる「メッセージ」としての情報ではなく、そこになんらかの情感や情緒を伴ったものだからだ。

「情報」という言葉はいうまでもなく〝情〟と〝報〟という二つの文字から成り立っている。〝報〟というのはいわば報告や連絡、報道といったメッセージやニュースである。本来なら「information＝情報」とはこの〝報〟の意味だけで十分である。にもかかわらずなぜ〝情〟という文字がその前にあるのか。それは「情報」というのはそこに単なるメッセージに収斂《しゅうれん》しきらない人々の心の機微が反映されていると考えられるからだ。

いまの携帯電話の使われ方を見ていればそのことがよく分かる。多くの携帯電話の通話は、どうしても伝えなければならない意図や用件を伝達するというより、どうでもいい会話やメールの伝送である。そこで生じているのはある用件の伝達や授受というより、個人間の「情感」の共有である。つまりここでは〝報〟よりも〝情〟の機能が上回っている。

もっとも実際にはメッセージを伝達するというのがコミュニケーションの直接的な目的だから〝報〟としての機能がまったくなくなるわけではないが、現実的には人々にもてはやされているのはもっぱら〝情〟的な使用法だといえる。それが今日の携帯電話市場の厖大化をもたらす一つの要因となっていることはまちがいない。

考えてみれば、昔流行った「iモード」というのはよくつけたネーミングだ。情（J）と報（H）の間にあるアルファベットはなんと「I」だからだ。最初から情と報二つのコミュニケーション・ニーズに答えるのがiモードの目的だったのかもしれない？（というのはうがったこじつけだろうか？）

今日の情報機器の大半はこの〝情〟的機能に支えられているといっても過言ではない。パソコンもテレビもiPadもその大半はメッセージの授受の道具というより、感情をつくり、伝える媒介ではなかろうか。デジカメにしたって、撮る写真の大半は必要だからカメラに収めているというより、心の慰めのためにシャッターを押しているのではないか。**人々のコミュニケーション行動においては〝報〟よりも〝情〟の要素のほうがずっと強い**のである。

つまり人は〝情〟に触れるものを求め、それを他者と分かち合いたいと心の底で願っている。それは**感情の交流こそが自己のアイデンティティ形成の駆動力**だからだ。つまり自らの〝情〟をつくり、それを他者に伝え、共通の〝情の世界〟を形成していくことが、この世で生きていく〝知恵〟なのである。情報社会が発達し、さまざまな情報機器が出現してくるなかで、〝情〟の重要性が無意識のうちに人々の行動を制御しているのである。

〝情〟＝感情こそが人々の行動の牽引力となっている。その感情は究極のところ自らにとって好ましいかどうかという判断のシグナルである。すべてのものに対して、かつて〝快〟として刻まれた対象であるかどうかをもとに行動が選択される。そして再びその〝快〟を得ようとする。感情とは快・不快に基づく心の志向性の表出にほかならない。〝快の記憶〟が感情を司り、生きる指標となっている。それゆえに人々は飽くなき〝快〟を求めて突っ走ろうとする。〝快〟を獲得することが生きる目的になる。

〝情〟に触れるものとは、自らに〝快〟をもたらしてくれる予感を与えてくれるものなのである。それは多くの場合かつて〝快〟の対象として認知されたものか、そこから推測される好ましいものという予感である。そして人々は再びその〝快〟を得ようと欲求を膨らます。そのことが消費欲求の根底にある。

快の予感①……**いつ最も快感を得るか**

ただ人間は決して過去に経験した〝快〟体験だけを追い求めているのではない。〝快〟とは単なる満足感ではない。

実は**人間にとって最も快感を得る（ドーパミンが分泌する）のは、〝楽しいことをしている時〟ではなく、〝楽しいことを予測している時〟**という説がある。なぜなら楽しいこと（つまり〝快〟）を求めていくことが生きる目的になるからである。

たとえば毎日の食事に快感と満足感を得なかったら、人は食事を積極的にとるだろうか。あるいは性行動にめくるめくような快感がなかったら、人はセックスをするだろうか。すべて自己の個体の保持と子孫を残すため、脳にプログラムされているといわれている。その最大のものが食と性というわけだ。それは本能に突き動かされて衝動的に求めるというのみならず、経験の積み重ねのなかで〈快の記憶〉として保持されたものが次の行動の原動力となり、より高次の〝快〟を求めて人々は突き進むのである。

脳生理学的にいうと**ドーパミン**という物質が脳の〈報酬系〉という部分で分泌されることが〝快〟をもたらす潜在的要因である。**【図9】**

パチンコをしている人の脳内物質の変化を調べている篠原菊紀諏訪東京理科大教授によると、**ドーパミンの分泌が一番多くなるのは、いわゆる「大当たり」になった時ではなく、「リーチ予告」がかかった時**だという。「『さあ大当たりが出るぞ』」という期待に心が震えるのである。人が食と性に対して飽くなき欲求をもつのもその時提供される（であろう）快感への期待からだ。そうした〝**快の予感**〟があることが自らの存在をきわめることになる。人間はより自分にとって好ましいことを想像することにより、次の行動へと自らを駆動していくのである。

図 9　快感を生む A10 神経の作用

人間が「快」を感じるのはドーパミンが脳内で多量に分泌されることで生じる。そのドーパミンの主要な通り道がA 10 神経で、中脳の黒質（腹側被蓋野）に発し、視床下部―扁桃体―海馬―基底核（運動の微調整）―側坐核（やる気を生み出す）―前頭連合野へと達する。ドーパミンは嬉しい表情をつくり、行動を誘発し、その体験を記憶することで、次の感情の生成の基盤をつくり出す。

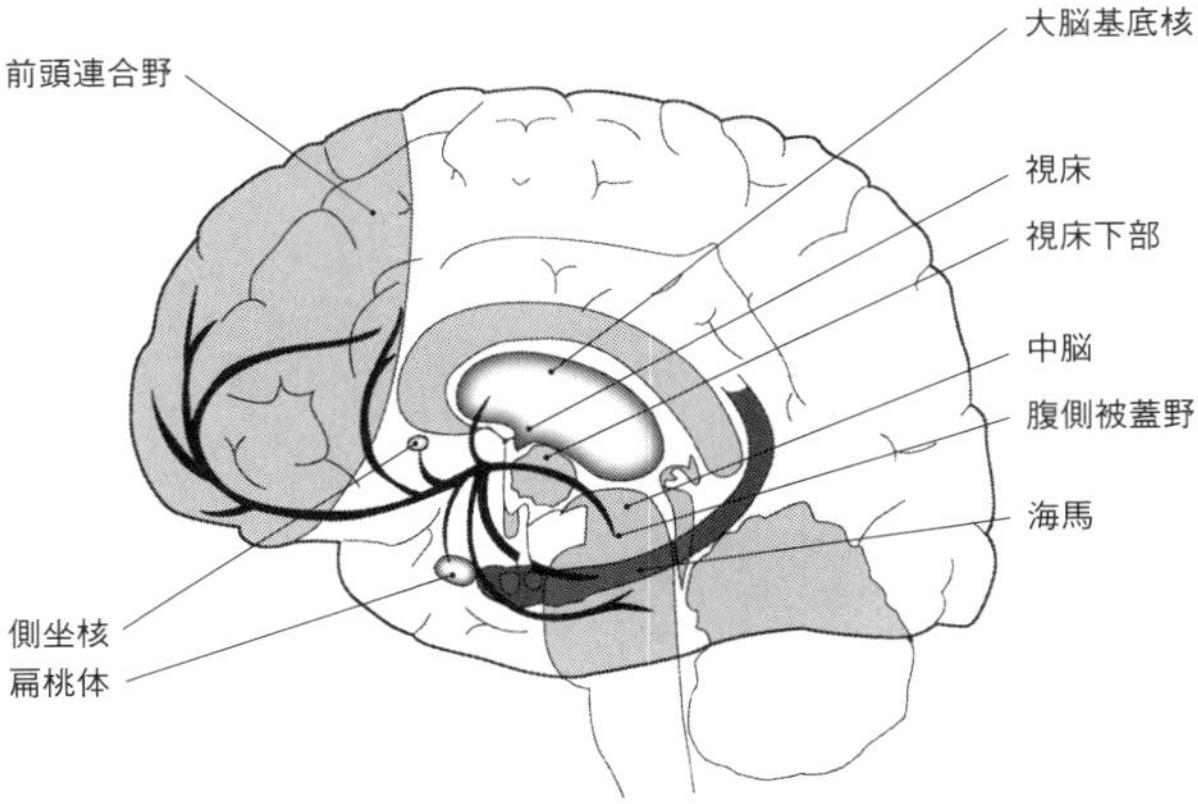

出所 / 山口創『皮膚感覚の不思議』

我々がしばしば体験する「心が震える」ということは、必ずしも直接的な快感だけではない。もっと高度な脳への刺激みたいなものがある。〈自己実現欲求〉ともいうべき、より知的で美的な〝こころ〟を刺激する対象に接した時の心の蠢《うごめ》きも果てしない快感をもたらす。

かつて**アブラハム・マズロー**は人間の欲求を5段階に分け、その最上位のものを自己実現欲求と名づけた。ここでは即物的な快感や安心感よりも、高次な自己の存在性の拡張を求める志向が頭をもたげてくる。たとえ高度な哲学的存在性の探求にしても、それがなんらかの楽しい時間や心の充足につながらなかったら、人は探究するだろうか。おそらくそこでは高度な自我の発現もある快感状態によって支えられているのではないか。それが持続するのは「楽しい時間」だからである。しばしば「時間を忘れる」という体験をするが（それを「**フロー状態**」という）、一種のめくるめく対象への没入であり、その時人々の脳は快感で満たされている。「楽しい」というのは脳が快感で満ちていることを指し示す（クオリアではないか）。

そしてなにか「楽しいことを求める」という時、自己の存在性の拡張につながる対象との接触の予感も無視できない。それが〝快〟への期待としてせせり出し、脳を興奮させる。我々は実に多様なことを求めているが、要はドーパミンの分泌につながるものを求めているのではないだろうか。

快の予感②……苦いビールが美味しく感じる理由

消費欲求をもたらすものとは、〈快の予感〉を与えてくれるものであるが、それを人はどう判断しているのだろうか。おそらくそれは人々の〝こころ〟と商品から醸し出される価値（の片鱗）がなんらかの「化学反応」を起こすことによって生じる。つまりかつて〝快〟の対象であったものか、それに近いものを無意識に人は求めている。ここでは商品の魅力と人々が求める**価値が共振**している。それが消費（手に入れたい）という欲求を駆動することにつながる。

もちろんその作用は本能的部分に規定されているものも少なくない。本当にお腹がすいている時に、目の前に食べ物が提示されればそれがなんであれ、誰でも飛びつくはずだ。自らの個体を保持することはこうした場合では最優先される。だが人は常になんでも食するかというとそうでもない。やはり嫌いなものは避けようとする。ここではかつて不快だったものは〝危険の兆候〟として忌避《きひ》される。過去の経験が快・不快の志向性を規定するのである。もちろんそれでも目の前の食品を食べなければ死んでしまうというような状況下では手を出すかもしれない。しかし一般的には嫌いなものは避けようとするのが人間の本性だ。それはいくら「栄養価が高い」と説得されても消えることはない。

ここでは感情が食欲という本能を規制していることになる。快・不快の記憶は人々の嗜好を規定するのだ。私は遺伝的に辛いものが食べられない。辛みというのは味覚的にいうと〝痛覚〟であり、舌の先に痛みを感じたら、私は絶対に食べるのをやめてしまう。痛いというのは危険の兆候であるからだ。だからスパゲッティのペペロンチーノなどわざわざ唐辛子成分をよけて食べなければならない。あるいはキムチの赤い色を見ただけで敬遠してしまう。他人はキムチをみて「おいしそう」というが、私にはとてもそんな気持は湧かない。感情的に嫌いなものは避けようとするのは当然のことだからだ。好き嫌いがないという人もいるが、それは過去に不快な感情をもったことがあまりないからではなかろうか。

しばしばなにかを食べて体調を崩すと、その食品が嫌いになるという人がいる。

それは体（脳）がその食品に対して「危険」というレッテルを張るからだ。本能というより感情の記憶が許容しないのだ（私の場合はすべて辛いものが駄目である。ネギなど生だと辛いから食べられないが、すき焼きに入っているネギは煮て甘くなっているから平気だ。辛みが危険の兆候として感情レベルで忌避されているらしい）。

もっとも最初口にした時はまずいと思っても、慣れてくると快感に変わるという食材もある。たばこやコーヒー、ビールなど苦味を主力とする食品はその典型だ。苦みというのは元来毒物のシグナルであり、本能的に避けようとする。しかしビールなど慣れてくるとその苦さがたまらない快感に変わる。これは経験のなかで生じる。おそらく生理学的にいうと苦みをカバーするために、β‐エンドルフィンなどの脳内麻薬物質が分泌されることで、習慣性が生じるのだろうが、これは「苦味＝危険」なものという本能レベルの解釈を感情（快感）が上回って、脳内にある順応回路を形成するからだと思われる。

私も本来苦味は苦手であるが、ビールは大好物である。とくに苦味成分のホップが多量に入っている本格的ピルスナータイプは人後に落ちないくらい好物だ。ここでは苦みが明らかにさわやかな快感に変わっている。体験による感情の獲得が遺伝的な生理基準を圧しているのだ。また世の中にはとにかくゲテモノが大好きという人がいるが、それは**好奇心をもつという〝快への期待〟**が、**実際の食味を上回る価値を提供する**からではないか。いかに〝快〟を求めていくかが、人々の行動の駆動力となるかを、本来本能に支えられているはずの食行動においてすらうかがうことができるのである。

ましてや本能には直接関与しない商品等においては、感情の占める位置は計りしれない。商品の魅力をどう感じるかというのは、**心の琴線に触れるかどうか**ということであるが、それは自らに快適な体験を与えてくれそうかどうかという予感に左右されるのだ。

ここで面白いのは、単なる物質にすぎない商品に私たちは感情移入し、その魅力を確かめようとする志向すらもつということだ。たとえばオートバイのエンジンをかけて、「今日はこいつ機嫌よいぞ」と思ったりする。あるいはカメラのシャッター音でその日の機械の調子を測ったりする。機械だからその日によって変わるはずなどないが、自らの感情を貼りつけ、その快感を実感しようとする。

私たちはもともと生きているものには対して波長を合わせようという能力がある。コミュニケーションを成立させるためには「**リズムの同期**」が必要だからだ。実際の会話など見ていればよく分かるが、話している内容は支離滅裂なのだが、心は同調しているということは意外と多い。それは**コミュニケーションをしていく上では互いの共感のほうが重要で、相手のいっていることを正確に理解するのは、その先でいいという気持ちがある**からだ。こうした協調する能力を人間のみならず多くの生物はもっているというが、人はそれを〝こころ〟をもたないものにまで遡及させることができるらしい。

いわゆるマニアというような人たちは愛着の対象に対して自らの感情を移入させることで、そこに独特の擬似生命体的な意味を認めようとしている。ここでは感情のコミュニケーションこそが価値判断の指標なのである。人間は心をもたない物質にまで感情のレッテルを貼りつけることで、ある種の共感回路を形づくり、そこに〝快〟の予感をつくり出そうとしている。それは快適な対象を常に求めているからにほかならない。

定番商品……なぜバーモントカレーは定番商品になったのか

その〝快〟の対象と認定する上で、馴染んだものかどうかは無視できない。多くの定番商品が成立するのは、それが馴れ親しんだ存在として無意識のうちに許容されているからである。

カレーライスは日本人の国民食となっているが、その味はハウス食品の**『バーモントカレー』**によって原型ができている。リンゴと蜂蜜を加え、スパイス類と調和させることで、子供でも食べやすいカレーの味をつくってきた。多くの家庭では子供の好きな『バーモント』をベースにカレーライスをつくっており、その味が日本人の舌にしみ込んでいる。ここでは『バーモント』の味が〝快〟の基準となっている。

食品などはその利用慣習とともに味の刷りこみによって定番性が確保されている場合が多い。だから知らず知らずのうちにそれを基準にして選択してしまう。もっともこの親和性とともに未知のものを求めるという欲求も浮上してくる。とくに大人になると好奇心が旺盛になり、新しい味を求める。新しい〝快〟の対象を見つけることで、より心を興奮させようという志向が出てくるからだ。だから決して『バーモントカレー』だけを提供していればいいのではなく、常に新しい〝カレーの世界〟を提示する必要がメーカーには求められる。ただその際でもかつて〝快〟の対象だったものを一つの指標にしていく（もっとも最近は同じハウス食品の『こくまろ』のほうを好む人が増えているという。定番品も永久ではない、ということだ）。

下條信輔博士（カルフォルニア工科大教授）は、人間は親近感と新奇感の両方に対しての志向をもっと指摘しているが（註16／『サブリミナル・インパクト』ちくま新書）親和性と新奇性の狭間で揺れ動いているのが人間の心情なのだ。これによって支えられているのが、実はブランドなのである。

ブランドの実体というのは人々の心のなかにある。世のなかで売れているからブランドではなく、人々の心のなかに沁み込み、ある共感回路を形成しているから〈ブランド〉として成立する。

この底辺にあるのが「感情の記憶」なのである。世には〝ブランドマニア〟という人も多いが、それは**ブランドに対して自分の感情を貼りつけている**のだ。感情的に許容できるかどうかが、ブランド・ロイヤリティの推進力となっている。だから他者にとって大した価値はなくても自らにとってはかけがえのない大切なものだと感じるのだ。

なにかを選ぶ時好きになるということが大切だが、その対象が〝快〟をもたらしてくれるものかどうかがひとつの目安となる。それを人は過去の経験から類推し、「ああいいものだ」と自らに納得させ、執着や愛玩の対象とする。その際いかに〝快〟の兆候を感じるかということが無視できない要件となる。新商品などに接した時、人はいかに価値判断をしているかと考えた時、感情の動きがどう生じるかがカギになると思われる。ではその感情を動かすものとは一体なにかということになる。そこに消費行動が実際は「脳の働き」と無縁ではないという衝撃的事実が浮かび上がってくる。

知・情・意……消費行動における感情のダイナミズム

神経生理学者のポール・マクリーンは人間の脳を3段階に分けて考えることを提

唱している。一番奥にある脳幹などの部分は「爬虫類の脳」である。その周辺を取り巻くのが「旧哺乳類の脳」である。これは大脳辺縁系が相当する。そしてこの上に「新哺乳類の脳」がある。ここは大脳新皮質が対応する。この三つの脳の三位一体化が生命を支えているとする。

脳の役割は「知・情・意」の三つの機能であるとされるが、

知＝新哺乳類の脳

情＝旧哺乳類の脳

意＝爬虫類の脳

という対応関係になる。知は人間はじめ高等動物だけが保有する機能で、思考や判断などを司る。意はいわば生きる意欲を生み出す素だ。これがあるから飽くなく生き続けることを動物は求める。この両者をつなぐのが「情の脳」ともいうべき辺縁系である。ここには情動を生み出す扁桃体や記憶の座の海馬がある。意と知をつなぐというのが〝情〟だというのは意味深い。生きる意欲を昂進し、それを知的判断につなぐのが〝情〟の役割ということだ。【図10】

図10　人間の脳の基本システム

マクリーンの三位一体脳仮説

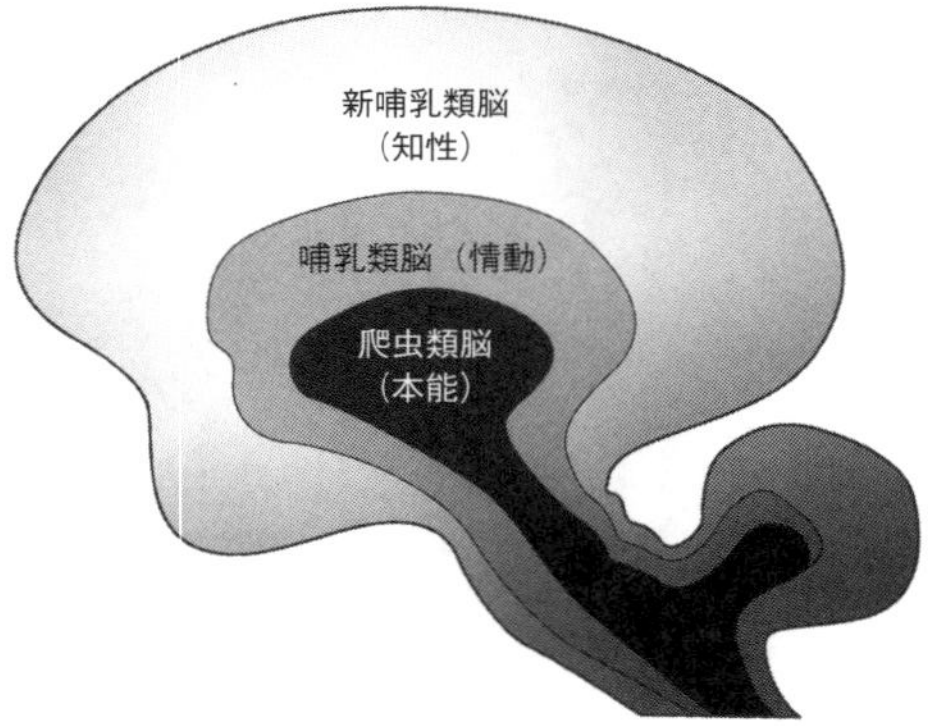

人間の脳は、「爬虫類脳」→「哺乳類脳」→「新哺乳類脳」の３層構造となっており、新しい脳が古い脳を包みこむように発展してきた。

マズローの欲求5段階論……マクリーンの3段階との関係

マーケティングでしばしば使われる理論にアブラハム・マズローが唱えた「**欲求の5段階論**」説がある。人間の欲求を低レベルから「**生存の欲求**（生理学的ニーズ）」「**安全と安心の欲求**」「**愛と帰属の欲求**」「**自尊心と尊敬の欲求**」、そして最上位の欲求を「**自己実現欲求**」とし、生活レベルにより、人々の欲求は下から上へと上昇するとした。

これは先ほどのマクリーンの「脳の3段階」と微妙に対応している。爬虫類の脳が司どるのは生存であり、その上に安全を確保するため旧哺乳類の脳がある。そして自己実現という高次な欲求を支えるために新哺乳類の脳が生まれたと解釈することができる。ここでは旧哺乳類の脳は、安全欲求をもとに愛と帰属の欲求、自尊心と尊敬の欲求（の一部）までをカバーすると考えられる。それは〝情〟というのが自らの個体を守り、よりよい状況をつくり出すために必須な機能だからである。情の脳があることで、人は環境に適応し、自らにとって生き続ける状況を求め続けていく。

人間にとって最大の特質である「知の脳」（新哺乳類の脳）の存在も、実際は「情の脳」たる旧哺乳類の脳があって初めて意味をもつのだ。マズローの欲求の5段階説との対応関係は、次ページの〈図11／消費欲求と脳の階層性〉のように複層的構造になっていると思われる。「情の脳」があることで、生きる意欲が満たされ、さらに自己を極めるという自己実現欲求にまで昇華するといえる。

生命を維持する上でいかに〝情〟が有効な役割を果たしているかが、こうした脳の構造からもいえるのである。そうした〝情〟の機能にどう触れるかということが、実は消費をつくり出す上でも無視できない要件になる。

生と活①……なぜロボットに人は魅かれるのか

ここで脳の基本構造を踏まえた上でもう一つの仮説を提示したい。私たちは生命を常に生産・再生産しながら毎日を送っている。それが「生活」ということである。生活とは文字通り「生」と「活」という二つの「いきる」から成り立つ。

図 11　消費欲求と脳の階層性

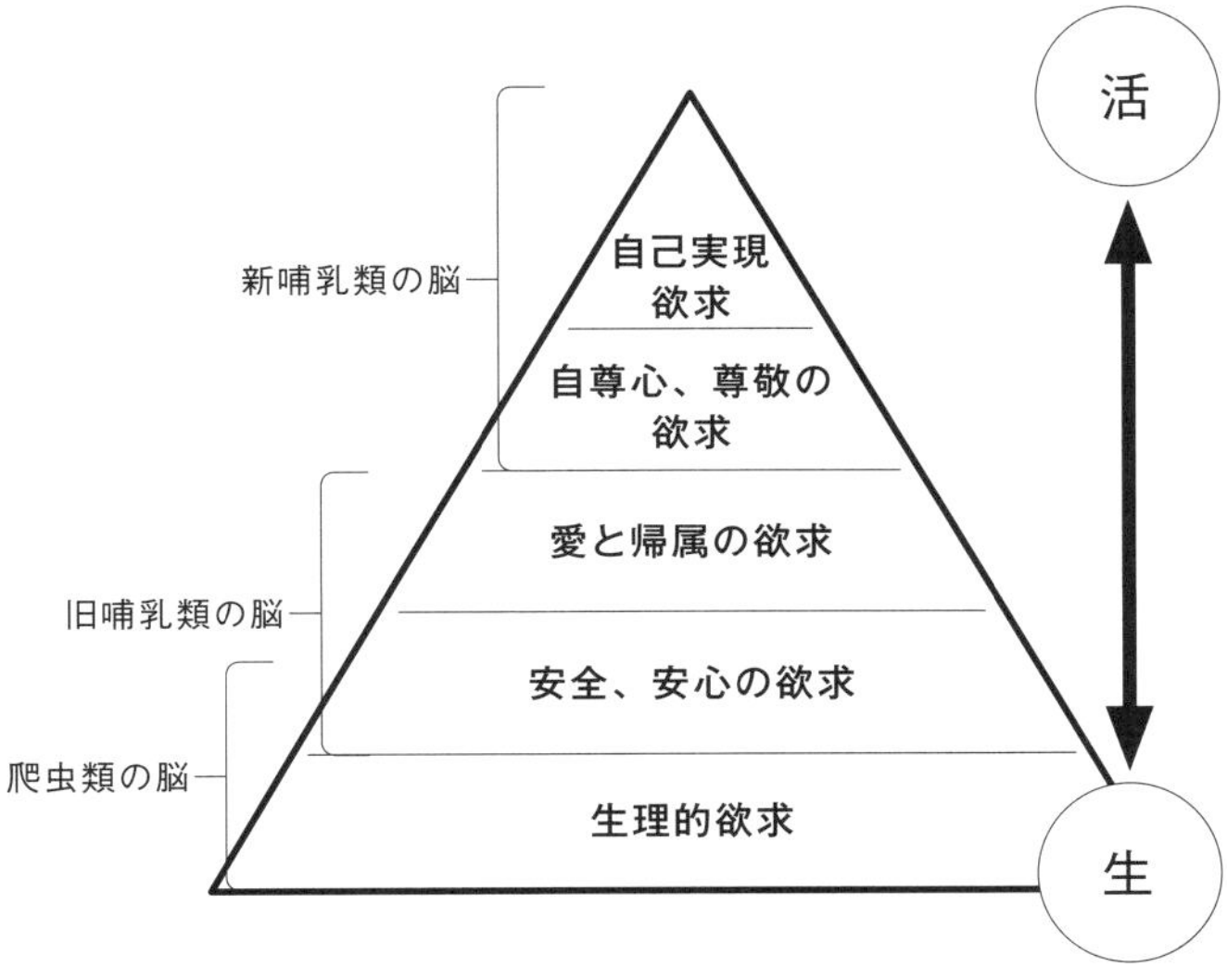

図 12 「いきる」ということの意味

生活の二側面

＝

生命を維持し
心身を健全に保つ

生 と 活

生き生きと
人間らしく活動する

⬇

2つの「いきる」をどう満足させるかこそ
人生の意味

ただ生存しているだけでは意味がない

＋

どれだけその人らしく「生き生き」としているか

＝

人間は
目標を設定し、追求していくことで
初めて「いきている」ことを実感し、
未来へ向かうことができる

「生」とはその字の通り、生命を維持していくことである。生存、生長、生理などのニーズである。

「活」は活発、活性、活動などの意である。同じ「いきる」であっても単に生きていればいいのではなく、そこにより創造的で活性化した暮らしを求める志向だ。

この二つの「いきる」があって、初めて「生活」が成立するということは示唆的である。人はただ「生きて」いればいいのではなく、常に活性化された状況を求めていく存在ということだ。life を誰が「生活」と訳したのか知らないが、実に意味深である。

生活ニーズといったとき、この二つの「いきる」を対象にしなければならない。そして今日の日本のように一定の物財の普及が相成り、生命の直接的危険が去った環境下では、人々は限りなく「活」的状況を求める。消費対象としても単なる「生」を維持するものでなく、どこか「活」につながるものを求めていく。新商品への期待も決してそれが生活に役立ちそうという直接的ベネフィットだけでなく、未知の効果を期待する。なにか心を刺激する新しい価値を求めていく。【図12】

「生」の対象とは過去の経験のなかから「安心できる」と認定されたものである。

これに対して「活」の対象は「面白い」とかなにか「いいことがありそう」という予感をもたらしてくれるものだ。それが人々の感情を突き動かし、消費対象として浮上させるのではないか。

たとえばソニーからかつて発売された『AIBO』というエンターテインメントロボットは、インターネットでの発売が10分で売り切れた。ロボットに対して人間は感情を移入し、自らの〝パートナー〟にすることで新しい快楽を得たいと指向するから、人々は夢中になったのである。結局確たる利用価値を築けず、市場から消えてしまったが、そこに未知の〝快〟が潜んでいたことが人々の好奇心を刺激したことは確実だ。

生と活②……なぜ『∞プチプチ』はヒットしたか

同じような現象は2008年ソフトバンクから初めて発売された『iPhone』にもいえる。これらはマスコミでの話題が駆動したことも事実だが、はっきりした利用価値の分からないものにも、人々は心を動かされ、消費を昂進することはもっと卑近な例でも数多くある。

以前ヒットした商品で『**∞プチプチ**』（バンダイナムコ）がある。これは「プチプチ」という発泡緩衝材の触覚的刺激をいつなんどきでも無限に味わえるようにしたアイディア玩具である。『プチプチ』というのは川上産業のブランドであるが、その本来の機能とは別に発泡部分をつぶすというのがなんとなく人々の習慣になっているところに目をつけて生まれたものだ。これなど〝プチプチをつぶす〟ということがひそかな快感であったから通用したことである。誰でもあの刺激をひそかに味わいたいという欲求があったのだ。

そのあと悪乗りしてバンダイでは『∞プチプチ～ぷち萌え～』（つぶしていくと50回に1回〝萌えボイス〟が発せられる）や『**∞ペリペリ**』（お菓子の箱で使われているジッパー型のあけ口を何回でも開けられる）、『**∞エダマメ**』（枝豆をつまみ出す感触を味わえる）などを発売して、他愛のない行為を習慣化させることをマーケティングとして初めて実質化した。これらはただひたすらつぶしたり、開けたりすることが原初的な快感の温床であることをうかがわせている。

人はなにかいいことが起きそうだと期待している時に一番快感を感じるというの

は繰り返し述べているとおりだ。好奇心は〝快〟を求めようという人間の欲求の際立ったものである。未知のなにかを手に入れた（いや手に入れたいと期待する）時、人はめくるめく興奮に包まれる。これはA10神経を走るドーパミンのほとばしりによって体感するといわれる。（121ページ図9参照）

ドーパミンの通り道である〈報酬系〉の役割は消費行動にも影響をもたらす。消費対象としても二つの側面を抱えるということだ。つまり過去の経験から〝快〟の対象として認定されたものは安心して取り入れようとする。しかしそれでは「生」の充足のみに終始することになる。必ず「活」的なものを求めようとする志向が頭をもたげてくる。これは（遺伝子により個人差があるが）好奇心を突き動かす欲求となって顕在化する。本当の利用価値はいまだ不明だが、それが未知の〝快〟をもたらしてくれそうだという予感が強い消費衝動となる。

問題はどうしたものが〝快〟の期待の対象となるかだ。そこに私は着目したマーケティングがいまこそ必要だと思っている。なぜなら成熟市場というのは一定の物財が普及し、蓋然《がいぜん》的な消費欲求をもたない状況下にあるからだ。それを突破するとしたら、なにか未知の期待感を揺り動かすような兆候を商品に込め、人々に期待を抱かせるしかないからだ。

商品のクオリア……人間の想像力と創造力の源泉

脳科学のブームのなかで「**クオリア**」という言葉が注目されるようになった。もともとラテン語で「質」とか「状態」を意味する語である。日本語で最も適切な表現を探すとしたら「**心のなかで感じる生々しい質感**」ということになる。肌に当たるさわやかなそよ風、小川のせせらぎの音、春の木漏れ日、まったりとしたトロの食感、黄昏の薄闇等々、すべて微妙な質感をもって我々に迫ってくる。同じ「赤」という色でも、炎の赤と、バラの赤と、口紅の赤では、まるで別の質感を感じる。私たちは五感から入力される情報に対し、同じような物理化学的刺激でありながらも、まったく別の「質感」を貼りつけることで、対象の峻別をしている。

これは単に背景となる環境情報の違いだけではなく、そこにどういう意味性がある(見出す)かをもとに、独特のクオリアを感じ取るようになっているからだ。この「クオリア問題」は現代科学の最大の鍵とされるが、我々が感じる情報が無数の

図13　クオリアの生成過程

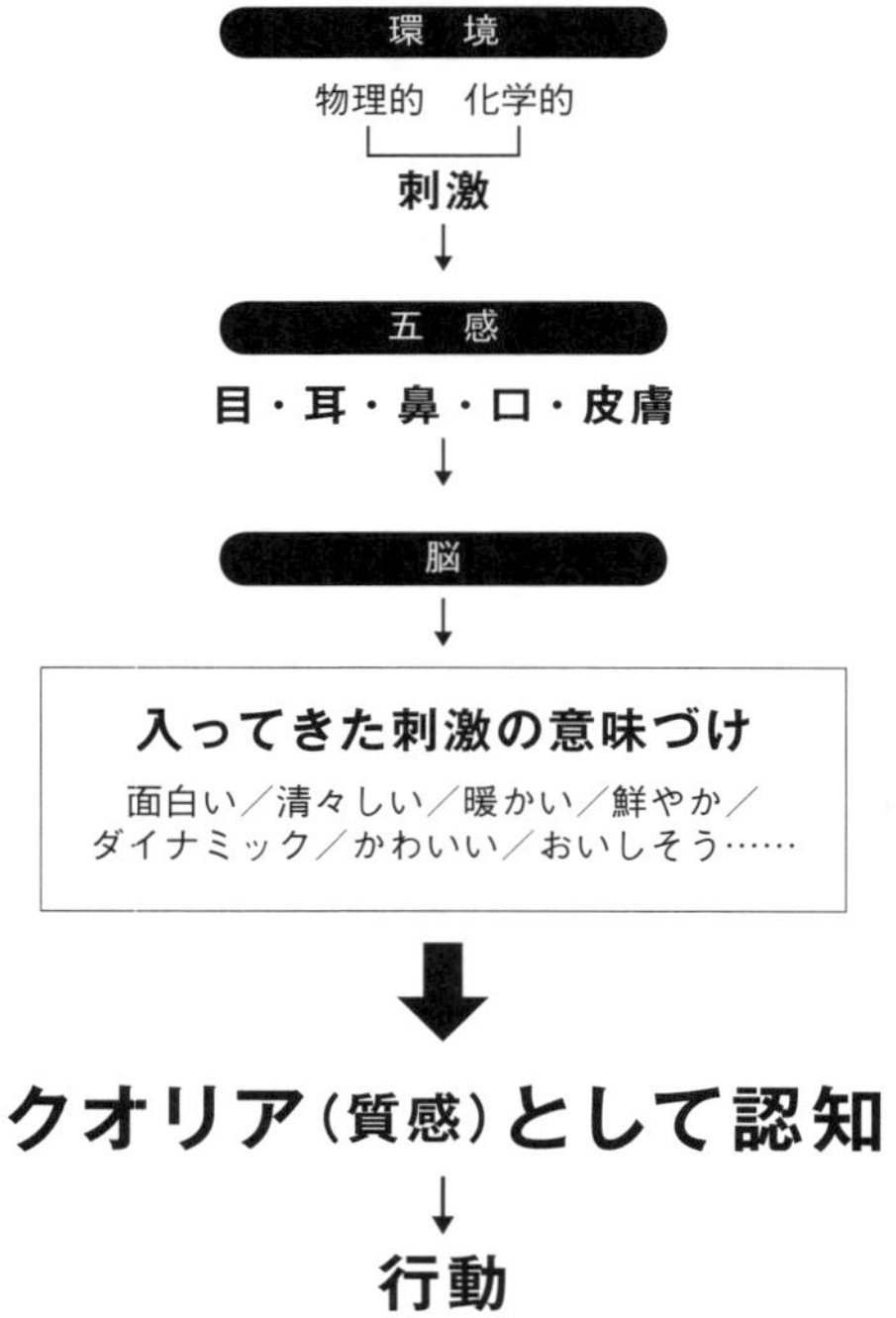

クオリアは入ってきた刺激＝情報が、その人にとってどういう意味をもつかを探るため、感情のフィルターをかけることで、どのような行動をとればいいのかの指標を設定する役割を果たしている。

クオリアに包まれているということは、クオリアを感じる仕組みこそが人間の認知機構の根本的秘密ということになる。

五感から情報が入り、脳で処理されていくメカニズムのどこからクオリアが発生するのか。その秘密は残念ながら分かっていない。神経細胞の物理的な情報処理機構から考えても想像がつかない現象だ。

しかしこのクオリアがなかったら我々の認識はなんとも味気ない世界に陥ってしまう。もし満天の星空の煌きを眺め、そこに壮大な宇宙の神秘を感じなかったら、人は宇宙空間にまで乗り出そうとしただろうか。**クオリアは人間の想像力と創造力の源泉**とすらいえる。クオリアを感じるということは対象の適切な峻別を果たすのみならず、新たな興味や好奇心を生み出す元素になる。おそらくクオリアは入ってきた情報に独特の意味づけをする役割を果たしている。その時一つの指標となるのが過去の感情の体験ではなかろうか。いわば入力された情報に、感情のラベルを張ることで、その意味をより明確化させようという人間の認知機構の奥深さがクオリアを生み出したのではないか。それはその対象に対してどういう行動をとるかという指示器の役割も果たす。**【図13】**

私たちは入ってきた情報のすべてにクオリアを感じている。とすると消費対象となる商品にもクオリアを感じ取っているということになる。つまり消費する上で、どういうクオリアを感じるかということは、欲求の生成に作用する重要なテーマということになる。私は「商品のクオリア」こそが人々の消費行動を左右する重大な要素だと考え、以前発表した。（註17／拙著『ヒトはなぜその商品を選ぶのか』参照）

ただこのとき気づかなかったのは、そのクオリアの感じ方は、その人の感情体験に左右されるということだ。同じようにキムチをみてもそこに「おいしさ」を感じるかどうかで、まったくクオリアの意味は違ってくる。私のように辛いものが苦手な者は、あの赤い色を見たら拒否しようという気持ちしか浮かばない。茂木健一郎氏はかつてクオリアを解析した名著『脳とクオリア』（註18／茂木健一郎『脳とクオリア』）で、クオリアには「感覚的クオリア」と「志向的クオリア」があると指摘していたが、この「志向的クオリア」は自らの感情（経験）によってラベルづけされた印象に他ならない。従ってこの「志向的クオリア」は個人差があり、経験によって変容していく。

「商品のクオリア」が人々の消費心を刺激し、新たな購買を誘導するといった時、ある種の感情が動いているはずだ。この感情の動きこそが消費を決定するといってよい。「面白い」とか「かわいい」とかいう感情をどう動かすか。それは商品のクオリアの発信力に左右される。つまり**過去の感情体験を刺激し、快への期待を揺り動かす「なにか」を商品のクオリアとしてどう表現できるか**といったことが、マーケティング上無視できない要件となるのだ。

シズル感……過去の体験から連想される快のシグナル

この商品のクオリアを表現する上で一つの示唆を与えそうなのが「**シズル感**」である。もともとは焼肉のジュージュー焼ける音などを意味するが、なんともいえない心地いい予感を誘う刺激のことだ。ビールの湧きあがる泡、ウナギのかば焼きの香ばしいにおい、ホカホカした炊き立てのご飯、立ち上るラーメンの湯気など、すべて我々の五感を刺激するシズルである。こうしたものになぜ食欲を刺激されるか。それは**過去の感情体験から連想される〝快〟のシグナル**だからだ。シズルとは〝快〟の兆候にほかならない。そこに無意識のうちに人は反応するのではないか。

だから商品のクオリアとは、決して商品それ自体（ハード）だけが発するものではなく、ネーミング、パッケージや惹句《じゃっく》（キャッチフレーズなど）さらにCMなどの印象の相乗から生じる。なかでも五感を総動員することで、記憶に強く刻まれ、快を総合的に感じようとする。ラーメン屋のカウンターに座って立ち上がる湯気を見た時食欲は最高潮に達するし、ウナギを焼く時の団扇の音を聞くだけで涎が出てくる。こうした**快の予感を増幅させるものがシズル**である。それらは五感で峻別される以前の感覚の苗床を刺激する官能だ。

私たちはクオリアを感じ、感情を動かす。その感情が消費を昂進させる。商品やブランドとの出合いにおいて、どう快適な気分を味わわせ、そのことをブランドのクオリアと一体化させて記憶させていくか。ここに今日のマーケティングの最大のポイントが潜んでいる。ブランドとはその対象との接触のなかから積み上げられてきた体験の記憶の総和であるが、その象徴を〝ブランドのクオリア〟として感じ取っている。だから単なる商品価値の開発にとどまらず、ブランド・アイデンティティをどう築くかがマーケティング上の課題となるのだ。ブランドマニアといわれる人たちは、ブランドの象徴となるなんらかのシグナル（それがブランドのクオリアだ！）を見ただけで、期待に胸が震え、ドーパミンが分泌するのだろう。なにより ブランドの目印が〝快〟の前兆だからだ。

こうした消費心を揺り動かすものをどう形づくっていくかが、マーケティングの本源的命題なのである。だからブランドこそが今日のマーケティングの中枢となるのは当然のことといえる。**ブランドはその提供者と受容者をつなぐ〈約束事〉であるが、それは人々の感情記憶のレベルで規定されている。もしこの感情記憶を裏切ったら、ブランドは崩壊の危機に瀕する。**それは幾多の不祥事を見ていれば明白である。しかし一旦裏切られたとしても過去に提供してくれた甘美な記憶は早々に消え去るものではない。一時偽装表示により店頭から消えた北海道を代表する銘菓『**白い恋人**』が復活し、新千歳空港で再び売上ナンバー1を取り戻した事象など、いかにブランドが意識下で保持されているかを示す例だ（かといっていい加減なことをしていればその地位はあっけなく崩れるのも紛れもない事実だ）。

ブランドとは心の奥底に存在する感情体験に基づく価値体系である。それはまさに〝快〟の記憶とともに心に眠っているのだ。その気持ちに配慮しながら、より強い快感をもたらすような体験を誘導していく。それによりブランド・ロイヤリティは揺るぎないものとなるといえよう。

AIDMAの法則①……期待感をどう抱かせるか

マーケティングの世界で「**AIDMA《アイドマ》の法則**」というのがある。まず**注意**（Attention）を喚起し、次に**興味**（Interest）をもってもらい、それを**欲求**（Desire）にまで高め、的確に**記憶**（Memory）してもらい、最後は**行動**（Action）につなげていくという一連の購買誘導のプロセスである。

こうした従来のＡＩＤＭＡ理論に対してネット消費では「**AISAS**」ということがいわれる。これは興味をもったらいったん探索（サーチ）してみて、それからアクションを起こすという特性である。ここでは従来型の消費ではなく、いろいろ調べた結果が消費行動につながるという考え方が示されている。だがこれは欲求の発生そのものというより消費条件の吟味的行動と考えられる。（註19／AISAS）

まず「注意」を喚起するというのは、目を引きつけることだが、その時なんらかのかたちで心の琴線に触れねばならない。この時ものをいうのがそのシグナル（クオリア）が過去の感情体験を刺激し、「興味」が触発されるということだ。**「興味」を抱くということは同時に〝快〟を予感し、期待するということ**であり、これが「欲求」の生成である。そのことは確実にある状態と一対で記憶され、次の「行動」への準備態勢を整える。これが「ＡＩＤＭＡの法則」の過程である。

最終的に「行動」につながるかどうかは実際には種々の条件を吟味して決定されるが、しかしその時一歩前に進める推進力は、好きとか、なにかいいことがありそうだという期待感である。いかなるマーケティング的働きかけも、そこに期待感を抱いてもらわないと効果は発揮されない。世のなかには商品名を連呼したり、あるいはわざと商品名を覚えにくくするような逆説的な訴求する例もなくはないが、それらは「興味」は抱かせても、好感を伴って記憶してもらえるかは疑問である。事象の記憶が感情状態と対になっていることを考えると、この興味（Interest）と欲求（Desire）の間に好感（というより「共感」＝sympathy のほうが適切であろう）という過程が不可欠なように思う。そうでないと〝悪感情〟とともに記憶されてしまったら、決して受容的行動にはつながるまい。**【図14】**

ＡＩＤＭＡの法則②……ブランドが常に革新し続けなければならない理由

「ＡＩＤＭＡの法則」は未だに決して無意味ではないが、人間は決して働きかけに対して受動的に反応する動物ではなく、なんらかの感情を湧き上がらすことで、〝こころ〟の志向性を決め、それに基づき行動をするということを踏まえねばならない。

とかく広告業界などでは、この「ＡＩＤＭＡの法則」をもとに欲求を喚起し、購買を誘導させればいいと、短絡的にコミュニケーション戦略が設定されるが、消費者というのは生きている人間であり、なにより〝こころ〟をもった動物であるということ、その〝こころ〟は過去の感情体験から創発されているということを噛みしめなければならない。

そうすると市場のセグメンテーションにおいて、「どういうことが好きか」を指標にターゲットを設定するというのは根拠がありそうだ。とくに個人の嗜好性が消費を左右する状況下では、「好きな対象であるかどうか」は重要な鍵となりそうだ。

図14 AIDMAの法則の今日的意味

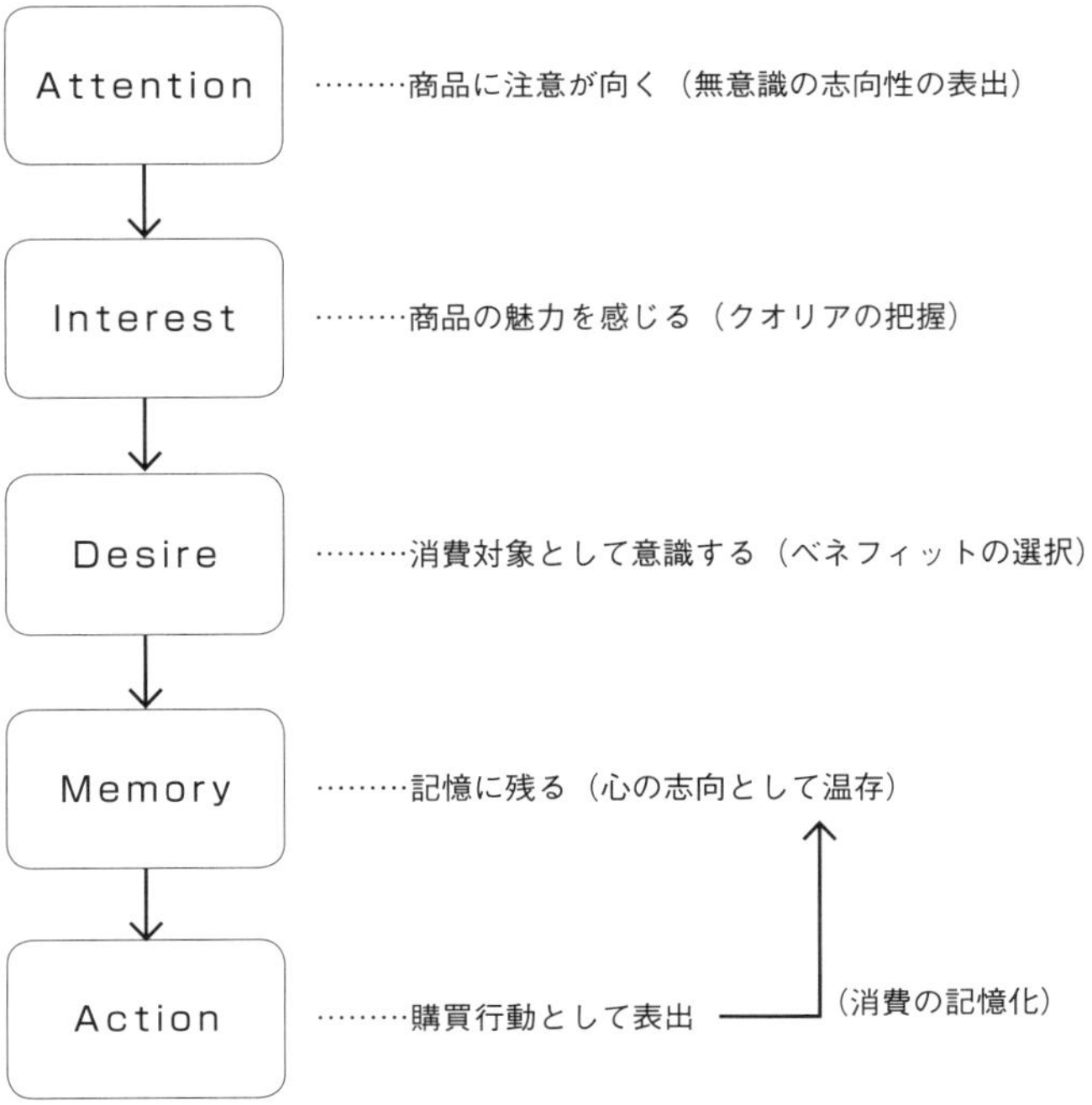

ただそれには**過去の感情体験に照らし合わせ、好きな対象の〝質〟を的確に把握し、さらにより好きになってもらうように〝快〟の予感を与えねばならない**。こうした心の志向性に即したターゲッティングの考え方をどう採用するかは、これからのマーケティングの一つの方向性であろう。

ただその際、「好感性」ということを即物的にとらえ、それがどうした体験から生じてきたかという個別の経緯を忖度せずに、ありきたりのターゲット規定をすると、思わぬ陥穽に落ち入る。好感が生じている理由を、その感情が生じた起点にまで遡及し、再現してやることなしに、闇雲に期待感を煽ろうとしても、その目論見は水泡に帰す可能性が高い。

したがって、**あるブランドのファンだから、新しい提案も受け入れてくれるだろうというのは早計**である。**定番品のリニューアルが多くの場合失敗するのは、ユーザーの心の記憶に配慮せずに、供給者の都合だけでなされるからだ**。ブランドの記憶はそのブランドが醸し出すクオリアとともに記憶されており、それが消失したらそれはもう愛着の対象ではない。ブランドを支えているのはそこで醸しだされている「**ブランドのクオリア**」(印象や雰囲気といってもよい)である。ブランドのリニューアルがユーザーの記憶に即して行われなければならない理由は、まさにそこにある。

かといってリニューアルがまったく無意味かというとそんなことはない。どんなに好きなものでも、常に新鮮な刺激を与えてくれないと、〝快〟への期待が次第に減衰してくる。好きなものだからこそもっと強い〝快〟をそこに託す。だから常に期待を高めるような努力をしなければならない。そこにリニューアルやエクステンション（ブランド拡張）を常に考えねばならない理由もある。

好きなブランドだからこそ、より高い進化した期待をもつのであり、定番ブランドが常に革新を続けねばならないというのは、こうしたユーザーの無意識の期待にこたえる義務があるからだ。ただしそれが記憶されているブランドのクオリアを消失させてしまったら元も子もない。ブランドのリニューアルは消費者の記憶に沿って行われねばならない。ブランドとは常に感情の記憶とともにあるということを配慮したブランド・マネジメント施策が求められる所以である。

心の理論①……チンパンジーはウソをつけるか？

いままで〝こころ〟という言葉をなんの定義もなく使ってきた。それは〝こころ〟が脳からつくり出されるものであるといわれているが、実は、その実体はなに一つ解明されていないことにもよる。

ここで〝こころ〟といっているのは単なる感情ではないし、知・情・意の総和でもない。ある状況から常に創発される〝生きる気持ち〟みたいなものである。人間らしい知の恵みといってもいい。これを専門用語で「**心の理論**」という。一般に我々が「心」といっているものは、この「心の理論」のことである。というのは動物にも心はあるが、「心の理論」をもつものは人間とそれに近い霊長類ぐらいだからだ。

（註20／心の理論）

なぜ「心の理論」というのかというと、この言葉をつくったアメリカの動物心理学者であるリチャード・ブレマックらが、チンパンジーの行動を研究しているうちに、たとえば「**あざむき行動**」のように、他の仲間の心の状態を推測しているような行動をとることから、「チンパンジーは心の理論を持つか」と論文で発表したことに由来する。

つまり他者にも自分と同じように〝こころ〟があり、同じような欲望をもつことを知っていて、しかしそれは別の〝こころ〟だということを認識している能力である。「あざむき行動」というのは、自分が餌をもっている時、仲間が来てもなにもないというふりをして餌を隠すということであるが、これは他の仲間も餌を欲しがる気持ちをもっているということを知っているから成立する。おそらく霊長類以下の動物は必死に餌を食べたとしても、隠して知らんふりをするというような行動はとらない。**「心の理論」とは自己のアイデンティティを確保しながら、他者とコミュニケーションする能力**といってよい。人間でもこうした「心の理論」が芽生えてくるのは2〜3歳からだといわれ、それまではただ本能的に行動しているようだ。

この「心の理論」は高等動物だけがもっている能力である。チンパンジーやゴリラなどは「心の理論」をもつことが確かめられているが、どうやらイルカやシャチにも備わっているという見解もある。（註21／村山司『イルカが知りたい』講談社選書メチエ参照）

「心の理論」をもつかどうかの判断指標として、鏡に映った像を自分と認識できるかどうかという実験がある。いまのところ鏡の像を自らと認識できるのは霊長類のほか、アフリカ象、イルカとシャチ、それに鳥のカササギ（もしかしたらカラスも）がそういう能力をもつらしいという。

「心の理論」が必要とされるのは他者とコミュニケーションをする場合である。他人の気持ちを推測しながら、自分の気持ちを伝えていく。ここでは違う存在性が**〝こころ〟を共振させる**ということが必要になる。他人が自分とまったく同じ気持ちをもっているということなどありえないが、しかし自分の気持ちも分かってくれる存在であるという前提があって、コミュニケーションは成立する。この気持ちをすり合わせるという時、そこに心の周期を同調させるような無意識の相互作用がある。

こうした作用を「**相互引き込み**」（エントレインメント）というが、心の同期化はコミュニケーションを成立させる要因である。世のなかには「気が合う」関係というようなものが存在するが、それは〝こころ〟が同期しやすいからかもしれない。「心の理論」はこうした人間のコミュニケーション能力をつかさどる根源である。（註22／エントレインメントとは）

心の理論② ……気持ちが通じたとき、大きな快感を得る

２０１１年に面白い玩具がヒットした。『**にんげんがっき**』(タカラトミーアーツ)というもので、人と人が肌で触れ合って効果音や曲を奏でるもの。人の波長の同期をゲーム化したものだ。こうした人間のコミュニケーションの本源性に着目した商品は今後も可能性があろう。

コミュニケーションが成立されるという時、単に相手のいっていることが理解できるということにとどまらず、相手の「気持ちが分かる」ということまで含まれる。ここでは当然感情の交流がある。人間は一人ひとり違う感情をもっている。それは違う経験の積み重ねから生じている。だが快感が感情のエンジンになっていることを考えると、楽しいこと、うれしいことには同じように反応することは当然である。

「心の理論」はそうした感情の動きをベースに、同じような体験をした時には「あぁ、いまは楽しいに違いない」と推測していく能力であり、他者の心根の把握をもとにコミュニケーションのレベルを上げていく役割を果たす。「気持ちが通じる」

ということこそ、コミュニケーションの目的であり、その瞬間、人は大きな快感や充足感を感じる。そうした効果を常に求めていくのである。

ただ、人間にはその人の嗜好や性癖みたいなものもあり、すべて同じような心情を味わうわけではないが、強烈な刺激には同じような情動反応をもつ。この「同じようでいて違う」「違うけれど同じように感じる」――ここが「心の理論」の根本かもしれない。それこそ自他の関係の原則である。

最近の脳科学で最もホットな話題が**ミラーニューロン**の発見であろう。これは他人がある行動をしているのを見るとまるで鏡に映った自分を見るかのように、それと同じ行動をする場合と同じような脳の反応を見せるニューロン群があるという事実だ。つまり周囲のものに同化して自らの行動をシミュレーションしていく資質が生理的に備わっているということを窺わせる知見である。このことはどうやら我々は無意識のうちに神経レベルで他者と同調し、共感しようとしているらしい事実を示唆している。「心の理論」の成立が生理学的に実証されたわけだ。ミラーニューロンこそ人間のコミュニケーションを成立させる仕掛けかもしれない。それだけ他者とコミュニケーションするということは本源的な行為であるということだ。

いずれにしろ感情の同期（共感）をもとに、コミュニケーションを円滑に進めていくことが、社会的動物となった人間には求められたことが、「心の理論」のような高度な能力を生み出したのだろう。

第４章

五感ブランディングの時代

The Age of "The Five Sense Branding"

人々は五感で〝世界〟を感じている

最後に本章では、人々の感情を動かすために、人間の知覚の仕組みの原点である五感を通じたコミュニケーションについて考えてみたい。

いうまでもなく人間の情報処理の入り口は五感機構である。視覚、聴覚、嗅覚、味覚、触覚――この五つの器官を通じて我々は情報を入手している。五感は外界を感知するためのセンサである。五感から仕入れた情報を処理して、運動という出力をする。人間はこうしたシステムといってもよい。

しかし、ただ単純に入力―演算処理―出力だけを繰り返しているのかというと、疑問のところも多い。人間をこうした機械的な「情報処理マシン」の最高形ととらえることができるかどうかは分からない。なぜならコンピュータと同じ方式で情報を処理しているなかからは、〝こころ〟の存在は解き明かせないことは自明であるからだ。おそらく技術の発達によって「知能」は再現できても、「感情」を人工的に創造することは不可能といえる。確かに人工知能技術という分野に世界は挑戦しているが、少なくとも〝こころ〟の再現に目処はついていない。それはいかなる知能も感情と不可分でないという基本特性の意味が明らかにされていないからだ。五感機能は機械的なセンサに例えられて語られることが多いが、これも〝こころ〟の発生という未知の機能に結びついていると考えないと、人間の情報処理の本質は解き明かせない。たとえば人間には「第六感」なる未知の能力があるという説もあるが、これも五感を中軸とした世界の感知機能から生成している人間的な情報を判定する仕組みと考えられなくない。

この**五感の相互作用**（互感とでもいうのだろうか？）こそ、人間の情報処理の基本的仕組みといってよい。なぜこんな面倒なことをして世界と相対しているのか。それは我々が認識すべき世界自体が複雑系だということによる。人間は五感を駆使して世界を把握しようとしているが、五感の総和だけではとらえられない領域が必ずある。そのことが「気配」とか「雰囲気」とか「空気感」という曖昧な感覚につながる。「第六感」とか「直感」とかいうものはそうした不可視の世界を認識する方法かもしれない。ここでは「互感作用」ともいうべき人間特有の情報処理機構が働いていると推測される。これは各五感に分化されきれない未知の感性ともいえる。

図 15　五感の相互作用の意味づけ

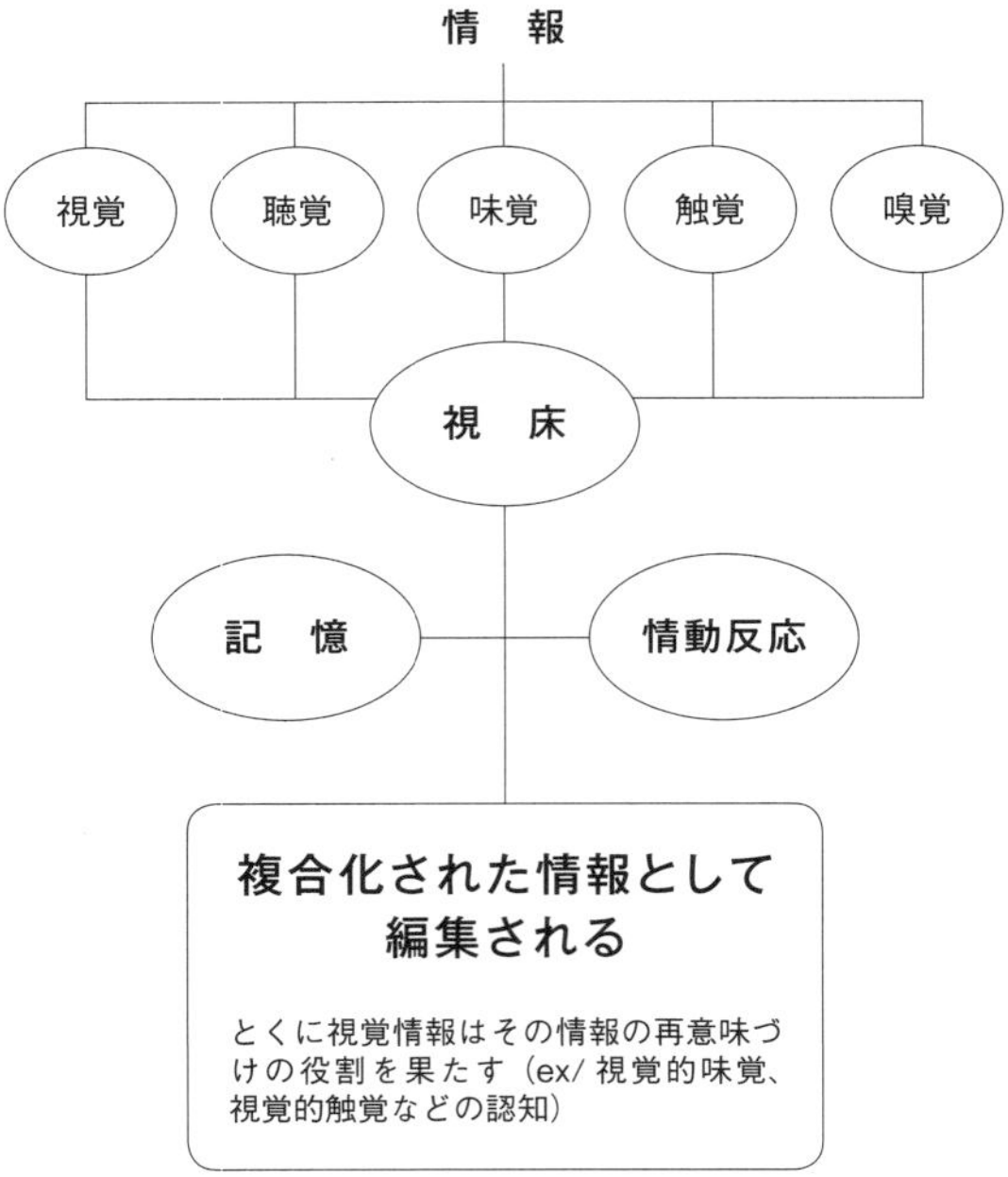

五感はそれぞれ独自の物理化学量をそれに対応した感覚器官で受容することで知覚される。それがいったん視床に集まり、情報（信号）のレベルにより、各感覚野に送られ、認知化される。だがそうした情報は情動反応による身体情報のフィードバックや記憶との照合なども加味され、ある意味をもった情報（クオリア）として再構成される。

【図15】

本書で五感の仕組みを探っていこうとするのは、入力系の機構を分析するためではない。というのは外界で発生するすべての情報を我々は知覚しているわけではない。五感に入力される情報は毎秒何万ビットにも達するが、これをすべて処理していたのでは、超スーパーコンピュータともいえる人間の脳でも処理能力は追いつかない。エネルギーの補給も追いつかないし、第一疲れてしまう。

だから入力された情報を減衰して我々はとらえる。要は必要な情報さえ認識できればいいのである。これは脳で不要な情報を捨て、圧縮しているだけではない。すでに各五感器官のレベルで不要な情報は捨てられている。考えてみればいい。我々の目に入ってくる情報は無限である。それをいちいち処理し、認識しているとはとても考えられない。ほとんどが知覚されないまま捨てられていく。つまり注意がむけられない対象は認識されないし、記憶もされない。もっとも意識していないがなんとなく印象として記憶しているものもある。それがデジャビュー（既視感）みたいなものにつながる要因だろうと推測される。無意識にもしかしたら必要になるかもしれない情報は知覚されているということかもしれない。

ここが人間の知覚機構の奥深いところだ。これはなんとなく保存しておいたほうがいいと、脳が意識下で判断しているのかもしれない。とくに嗅覚はその原初的役割ゆえに、キチンと判読されない情報を認識・記憶していると想像される。

いずれにしろ五感は世界を認識するために有効な情報を拾い上げ、認識と記憶の座に送り、それに対応した行動をとるための仕組みである。ここでは生きていく上で必要な情報を確実に掬《すく》い上げるとともに、意味のない情報を捨てていく機構が整備されている。そして的確に世界を認識するために、五感を融合化させながら、ある「意味」を創発させるという処理様式を採用していると思われる。おそらくその意味づけに情動が深く関与していると想像される。

五感が融合した〝共感覚〟の世界

そうした人間の独特の情報処理システムを探る上で、一つのヒントとなるのが「**共感覚者**」といわれる人の存在である。

「共感覚」とは**五感が入り混じって感じる作用**である。**文字に色がついていたり、**

音楽から映像が見えたり、匂いに形がついていたりする。こうした隠れた能力をもつ人は10万人に1人とか、20万人に1人いるとされる。とくに女性に多いという結果が出ている。五感が入り混じって知覚されるということは、その認識性が多重的機構で賄われているということを意味する。『共感覚者の驚くべき日常』（邦訳・草思社）を著したR・シトーウィックは彼らのことを〈認知の化石〉と呼んでいる。つまり人間の認知機構の原型が「共感覚」のなかに含まれているということだ。

これはどういうことであろうか。もちろん現実の「共感覚者」の存在はある意味で特殊な能力だろうが、**本来誰もが「共感覚」的資質はもっている**のではないかと考えられる。たとえばピカソやゴッホなどの芸術作品に私たちは感銘を受けるが、その表現を理知的に分析しているからではなかろう。むしろ視覚表現されたものから、ある種の五感連想を抱き、それが心の共振につながるのではないか。美術・音楽（つまり視覚と聴覚の応用）などの優れた表現者はある意味でそうした連想を引き出す〝**五感クリエイター**〟で、それに反応するのは私たちが潜在的に共感覚的資質を有するからではないだろうか。

「五感マーケティング」といった時、いかに五感が融合化された世界を演出できるかがものをいうのである。それは複合化された情報のほうが情動を喚起する刺激が強いからだ。強い情動を起こさせれば、それだけ強く記憶される。もしかしたらまず「共感覚」という未分化の原感覚があり、それが状況に応じて各モダリティに振り分けられると考えたほうがいいのかもしれない。環境に対峙する上で共感覚は根源的役割を果たしているのである。とすれば**「共感覚者的資質」を取り戻せるかどうかが、今後の五感コミュニケーション社会の扉を開ける鍵となる**かもしれない。人々の心の奥底に忍び込むには五感が融合化された世界をどうつくり出していくかを考えねばならない（164ページ図15〈五感の相互作用の意味づけ〉参照）。

五感への刺激が消費を誘導する～シンガポール航空がなぜすごいか

マーケティングの分野においても五感を軸にした訴求が随所で試みられるようになった。とくに**ブランド・アイデンティティ**づくり等において、五感の相乗効果を発揮するようなシンボル化が有効である。**ルイ・ヴィトン**は単に「ＬＶ」というマークに意味があるのではなく、モノグラムといわれる独特の手触りを感じさせる模様があってブランド・アイデンティティが形成されている。『**コカ・コーラ**』もあの〝コンツェラシェイプ〟と呼ばれる独自の瓶の形状がブランド・アイデンティティの核となっている。だから供給される商品の大半が缶になってまであの瓶の形をキービジュアルにしている。

いままでマーケティング情報の発信というと、圧倒的に視覚情報偏重であった。それでは氾濫する情報のなかで印象が散漫になってしまう。その限界を打ち破るために五感によるイメージづけがいくつか見られるようになった。たとえば「音によるイメージづけ」では携帯電話のノキアの着信音や、パソコンを開くといつも流れるウインドウズの起動音、色ではベネトンカラーやマクドナルドの黄色いアーチ、匂いはスターバックスの店頭の香り、触覚では柔軟剤『ボールド』の手触り感の訴求など、目新しいところでも枚挙にいとまがない。これらは五感の刺激がブランド連想を引き起こすことを狙っている。**【図16】**

そのなかでも注目されているのは**香り＝嗅覚**である。世界で顧客満足度第1位の航空会社は**シンガポール航空**である。操縦の技術が高いことでも知られているが、それ以上にものをいうのが**うっすらと機内に立ち込めた心地よい香り**である。ステ

図16　五感コミュニケーションの試行例

もはや視覚情報の一方的通行では
マーケティングは成立しない

↓

五感ブランディングの試行へ

例

■音によるイメージづけ
（Windows、ノキア、ネスカフェゴールドブレンド、
京急2100系ドレミファモーター）

■色によるイメージづけ
（ベネトン、Vodafone、マクドナルド）

■味の一貫性によるイメージづけ
（コルゲートの歯磨きの味、バーモントカレー）

■匂いによるイメージづけ
（シンガポール航空、スターバックス、AXE）

■触覚によるイメージづけ
（パロ、ボールド、コカ・コーラ（の瓶））

■複合的感覚によるイメージづけ
（コーヒールンバ自販機、テノリオン、∞プチプチ）

↓

五感刺激が他の感覚連想を惹き起こし、
ブランドイメージとして刷り込まれる!?

ファン・フロディアン・ウォーターズという独特のアロマは、客室乗務員のフレグランスとして使われている以外に、機内で手渡されるおしぼりにブレンドされていたり、壁にスプレーされている。これが愛くるしい乗務員の民族衣装的コスチュームと一体化し、好ましい印象を与える効果を発揮している。シンガポール航空の例は、香りによるブランド・アイデンティティづくりの好例としてしばしば用いられている。これにならい**全日空（ANA）**では**「槇」という樹木の香り**をキーフレグランスにし、乗客の心地よい記憶を創出しようとしている。

考えれば匂いが商品価値の核というものは意外と多い。ウナギのかば焼き、パンの焼きたての匂い――これらは明らかな吸引力をもっている。駅などで香ばしい香りをちりばめている**「ステラおばさんのクッキー」**など、香りが漂ってこなかったら誰も見向きもしないだろう。

ただ匂いは原初的知覚である故にほかのモダリティと結びついて認知・記憶されることが多い。匂いはエピソード記憶と一体化している。その点で私が注目しているのが高速道路のサービスエリアにあるコーヒーの自販機である。これはカップにコーヒーが注がれるタイプのものだが、まずコーヒーの種類を選んでボタンを押すと賑やかな昔懐かしい「コーヒールンバ」の音楽が流れ出す。そして前面のディスプレイに豆を挽き、液体を抽出する模様が映し出される。このときコーヒーの香ばしい香りがプーンと漂ってくる。そしてカップにコーヒーが注がれて、扉が開き、コーヒーが出てくる。一杯のコーヒーの供給に、視覚、聴覚、嗅覚が動員されている。もちろんこの商品の価値は挽きたてのコーヒーを味わえることであるから、そのコーヒーがおいしいと感じることが前提条件である。しかしこのコーヒーを口につけたときの満足感は他をはるかに凌ぐものがある。五感の相乗的刺激が快感を膨らましていることは確かだ。

こうした五感の相互作用によるマーケティング効果はもっと求められていい。とくにブランドイメージは感情の記憶に左右される。感情記憶は大雑把な五感の印象を張りつけて形成されたものだ。五感によりブランド価値を訴求していくことや、それを再現する五感の刺激を図ることが、人間の認知の構造からも有効なのである。

こうした香りの訴求効果を応用して店頭販促に活用する試みも台頭している。プロモツールでは、香りの発生器をスーパーの店内に置き、一定の成果を上げている。たとえばバレンタインデーが近づくとチョコレートの甘い香りを店内に流し、売り場への誘導をするといった方法だ。あるカレールーの会社と協力し、カレーの匂いを店内に漂わせ、カレー粉や関連した野菜、肉などをクロスマーチャンダイジングで販売することで成功を収めた。嗅覚は原初的感覚なので訴求法次第では思わぬ効果を上げることができるはずだ。

五感の記憶が消費を導く～五感ブランディングの開拓へ

入力された一部の五感情報はまず脳の扁桃体に先行して入り、情動を発現させる。それは原初的な快・不快のパターンとして記憶される。記憶はいくつものエピソード記憶とともに、感情の記憶として保持されている。ブランドの記憶もそうした感情の記憶とともにある。そうし**た強いブランドへの記憶をもたらすためには五感の刺激が有効**になる。とくに共感覚ともいうべき〝こころ〟の奥底に忍び込む原初的情報の気配が求められる。そこに**五感ブランディング**の本質的意味がある。

昨今の五感への注目はそうしたブランドの本質的存在性から発しているはずだ。このところいくつかの五感ブランディングの提唱がなされている。ところが今日の幾多の五感マーケティング手法は視覚情報の訴求では不十分なための付加価値的アプローチとしてクローズアップされている節がある。香りや音や触感を付加価値として提供しているに過ぎない。もちろんそのことは新たなマーケティング手法の開拓として無意味ではないが、人間の知覚と記憶の仕組みから組み立てられることが望まれる。五感的アプローチが本質的に有効なのは、五感融合によって脳の本源的部分にスムーズに入り込み、ある感情を呼び起こすからだ。それが快適なブランド連想につながり、心地よい記憶を再生する。その快適な気分が行動（消費）することの期待感を誘導するのだ。

そのためには五感を複合化・統合化させて訴求する**共感覚的アプローチ**を開拓する必要がある。つまり五感が融合化したような情報の提供により、連想を湧き起こし、記憶に残りやすくすることが求められる。その原点を人間の知覚の本源的資質である〈共感覚〉という機能に求められないかというのが、マーケターとしての一つの夢である。

匂いは原初的記憶として保持される

とくに嗅覚＝香りの先行性に着目したい。

「プルースト効果」という言葉がある。これはマルセル・プルーストがその著『失われた時を求めて』の冒頭の場面で描いているシチュエーションに由来する。主人公がリンデンの茶を菓子のマドレーヌでかき混ぜているうちに、いつしか忘却の彼方にあった過去のことを思い出し、壮大なストーリーが始まるというものだ。リンデンとマドレーヌの匂いがトリガーとなって、過去の体験が呼び起こされたのだ。これは匂いが記憶と意識下でつながっている象徴である。だからあるブランドと匂いを一体化していけば、強烈な記憶をつくり出すことも可能だと推察される。それは匂いは最も原初的記憶として〝こころ〟の奥底に保持されているからだ。匂いが扁桃体における快・不快の印象と直結していることによる。

ただし各モダリティのなかで**嗅覚というのは一番曖昧な感覚**である。大体匂いの表現からしてどのように記憶されているかというときわめて曖昧である。匂いは多くの場合「○○のようなにおい」としてしか表現できない。その質を表すような形容詞的言葉はない。比喩的に「甘い匂い」とか、「すっきりした匂い」とか、「ソフトな香り」という表現がされる場合はあるが、それがなにを指すかは人によって異なる。匂いはある対象と結びついていて記憶されている。味覚（とくに食感）のように多様なオノマトペで表すことは非常に困難な知覚である。これは嗅覚の感覚機構の中での位置づけから発している。

我々が対象を認識する場合、その意味づけを言語的に行う。感じるクオリアを言語的表象に置換して認知し、記憶する。ところが匂いというのは最も原初的な信号であるため、そうした高度な解釈や言語変換ができにくい。

匂いのコミュニケーションをどう司るか

すべてはその時の感覚として保持されていく。だから情動と密着しているのであるが、匂いの非言語性はコミュニケーションを行う場合桎梏《しっこく》となる。ラベンダーの匂いといってもラベンダーを知らなければ話にならない。もっとも多くの花の匂いは快の兆候であるから、その匂いに快感を覚えることが前提になるが、実態については後天的に「なんの匂いか」というのを覚えていく。まず「いい匂い（快の対象）」

という事実が判定され、そこから共通の理解が進行する。こうした嗅覚のメカニズムを踏まえた五感コミュニケーションの設計が必要となる。

匂いのコミュニケーションはプリミティブであるがゆえに、非明示的である。これを共通のマーケティング的認知に高めていくには、他のモダリティと組み合わせていくほうがいい。逆にいえば匂いをある対象に加味することによって、非言語的レベルで対象の認知、記憶を高めることができる。あるブランドの記号性と匂いを一体化して訴求していったなら、たとえその言語的メッセージは忘れていても、プルースト効果によりブランドの存在性は思い出すことがありうる。そういう点では匂いは情報が圧縮された効率のよい媒体だともいえる。

有名な**『シャネル5』**や**『夜間飛行』**などの香水において香りにブランド名がついているという例はなくはないが、香りというのは明示的に示せない特質をもつ。しかし記憶の機構上無視できない役割をもつとするならば、香り自体のブランド化ができないかということになる。「香り商品」というのは多くの場合フレグランスやフレーバーとして香粧品や食品に含有されている。ビジネス的には中間消費財とでもいうべき性質のものであり、したがって匿名的である。だから最終商品に対して「いい香り」と感じたからといって、その香りを具象的に認知してもらうわけではない。

しかし「インテル」というただの部品が独自の表象性をもって、ブランド化に成功したように、香り（成分）自体がブランド化できないということはなかろう。現に日本最大の香料会社である高砂香料工業ではかつてアジアンテイストのユニークな香りを『**アジアの雫**』と名づけて発売したこともある。その後の状況は聞いてないが、この香りがいろんな商品（消費財）で使われ、共通の香り（ブランド）として市民権を獲得していくことは決して不可能ではない。香りが記憶に深くかかわっているとしたら、それ自体をブランド化していく試みから、新たな五感マーケティングの位相が開拓されるかもしれない。

新しい触覚性の開拓も有望だ。急速に普及してきたスマートフォンは従来の携帯電話と異なり、指をずらしたり、指先でつまんだりという動作をする。これは未知のインターフェース感覚だ。指先は触覚が鋭敏な部首であるが、その動作を自然のうちに体得し、自由に使えるようになるのが最近のユーザーである。いわば「無意識の作業記憶」になっていくのだろう。

これは触覚の応用の見えない領域であろう。マンマシン・インターフェースの新しい形態が私たちの行動を伴って実体化してくプロセスだ。任天堂の『Wii』なども体を大きく動かすというアフォーダンスを誘導した。つまり動作が自然のうちに受け入れられて、習慣化していく作用だ。今後マンマシン・インターフェースの開発においてはスムーズに体になじんでいくような体感作用をもったものが求められよう。触覚とは体性感覚の一つだが、このなかには様々な皮膚感覚の複合機能としての「体になじむ」というのも含まれる。それは人間の体が無意識に受容し、作業記憶化していくからであろう。

ブランドの記憶は私たちのトータルとしての記憶の機構から生じる。一つはそのブランドがもたらした体験であり、もう一つはそのメッセージ性としての言語情報である。これらはエピソード記憶と意味記憶として陳述的に記憶されていく。多くの体験はそれを意味づけるなんらかの知識や情報と一体化されて記憶されることで忘れ難いものとなる。だがもう一つ無視できないのがブランドの快・不快の印象という感情の記憶であり、これがあって意味記憶もエピソード記憶も照合性をもつ。

図 17　五感によるブランドの記憶相乗作用

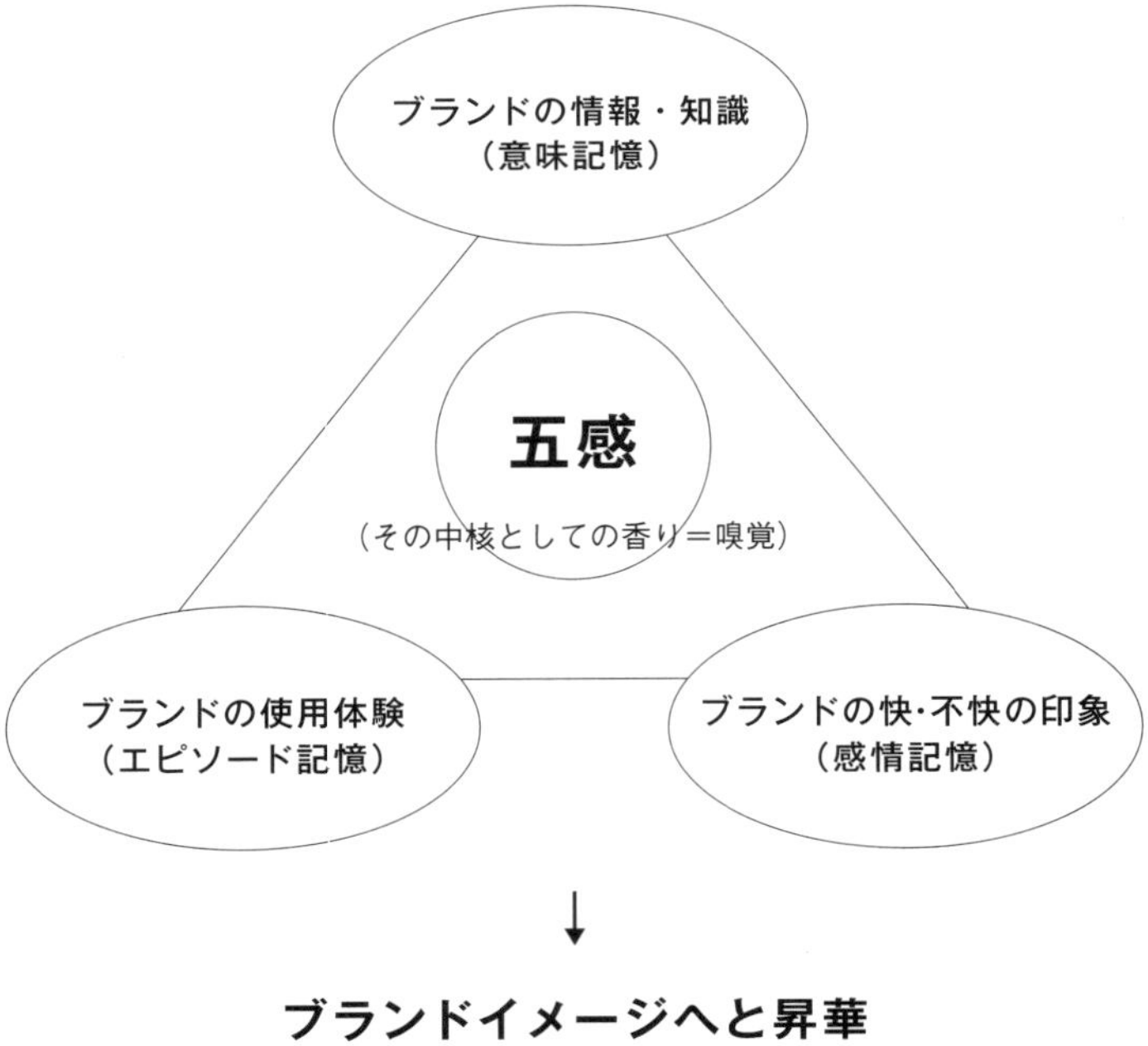

これを誘導するのが五感の刺激であるが、なかでも嗅覚はその相乗効果の中核に位置する感覚である。そして五感の記憶が「感動」というような強烈な感情状態を導いていく。感動欲求を創発させるには五感のデザイニングが必要となる所以である。

【図17】

この五感のトータルな刺激によって良好なブランドイメージを醸成していくのが「五感ブランディング」の視点である。とくに匂いは他の感覚より先行して脳に入っていくので、対象に注意を向けさせる効能を有する。私たちがウナギのかば焼きを認知するとき、まず「ああ！　いい匂い！」として感じ、その後から「ウナギのかば焼き」ということを知るプロセスを考えればこうした知覚のメカニズムは納得できる。現実にウナギのかば焼きもイカの丸焼きも匂いの質としては、それほど変わらず私たちの脳は反応している。それをイカかウナギかと認知するのは、環境情報を探ってからのことである。なにかという判定がされる前に反応しているということは、それだけ前意識的に知覚しているということだ。こうした匂いの先行性をブランド・コミュニケーション上有効に使うなら、効率的なブランドのイメージづけが図られるはずだ。

いまでは香料会社によっていくつもの匂いの素がエッセンシャルオイルとして供給されるようになった。そしてそれをブレンドする優れた嗅覚の持主のパフューマーといわれる人たちも活躍している。そうするとブランド独自の匂いをつくり出し、それを記憶させていくことも不可能ではない。つまりブランド・アイデンティティの要素としての香りをデザインしていくこと。これが五感ブランディングの一つの指標となる。そこではどのような五感刺激が好感情を呼び起こし、的確に記憶されていくかを検証し、香りと他の情報を組み合わせながらブランド・アイデンティティ要素を設計していく方法論が模索されねばならないだろう。その点ではマーケターというのは「**トータルな五感のデザイナー**」にならなくてはならないだろう。

五感を刺激するシズル・コミュニケーション

そうした五感のコミュニケーションを設計していく上で、一つの指標となるのが「シズル」といわれる本源的に心地よい刺激である。先述したように「シズル」とはもともと焼肉のジュージュー焼ける様子を指す。あるいはビールやサイダーがシュワーと泡立つ様子もシズルの例として示される。視覚や聴覚的刺激がある種の情動を湧き起こす感覚である。テレビCMなどではこうしたシズル感をもつ表現をどうやってつくり出すかにクリエイターは腐心する。それはまだ未分化の感覚の苗床を刺激する本能的な快感をくすぐることにより、無意識的な認知を促進するからだろう。その点ではシズルとは「五感連想を呼び起こすクオリア」を内在した情報刺激といえるのではないだろうか（最近〝心を撃つ〟という意味で「**スマッシャブル効果**」というような表現もされるが、ここで示している「シズル」とほぼ同義と考えていい）。

この「シズル」の表現は広告クリエイティブなどでは生命線となる。とくに直接触れないと商品価値が分からない食品や香粧品などは、視覚的表現でどう魅力を漂わせるかという時、シズル感の有無は決定的作用をする。それは〝こころ〟の奥底に作用する、なんともいえない根源的刺激性をもつからだ。五感は単独の感覚器官として存在するのではなく、融合化して知覚の感度を上げる処理性をもっている。この「共感覚」ともいうべき五感の相互作用に働きかける刺激がシズルなのである。人間の知覚においてシズルは好ましい感情を呼び覚ます無意識の刺激促進効果をもたらすと考えられる。

このことは実はブランド・アイデンティティを規定する無視できない要素となる。たとえばコカ・コーラの瓶は目をつぶって触っても分かる独特の曲線を有している。ブランド・アイデンティティは商品のクオリアの最大の発信源である。それを感じただけで、ある人たちはたまらない快感に包まれる。だからどうブランド・アイデンティティを築くかが、消費者を獲得する最大のポイントとなるのだ。

クオリアは本来オノマトペで示されるような独特の質感を振り纏《まと》っているものが多い。それは本質的にあるモダリティからくる情報の内容を示すというより、与えられる刺激の印象を指し示す役割を果たすからである。ここでは五感は未分化であり、本源的刺激を感じて情動が発動されていく。従って共感覚性をいかに呼び起こすかが、印象に残りやすいポイントとなる。複数のモダリティ感をもつものが認知されやすく、記憶に残りやすい。

人を惹きつけるのも一種のシズル？

「眩しい」などという印象もそうしたシズル効果の一例だろう。光を直接浴びて感じる眩しさではなく、人や物に対して感じる眩しさである。これはなにか光が反射しているような独特のめくるめく感覚を抱くことである。別にそこだけが輝度が高いというわけではなかろうが、凄く印象深く感じるというようなことがあるものだ。

私もかつて現役時代の長嶋茂雄氏にあった時、そうした感じを受けて衝撃を受けたことがある。長嶋さんの周辺だけいやに明るいのだ。いわゆる「後光が射している」というのはこうしたことをいうのかとびっくりしたものだ。それがなにゆえかはわからない。著名人がもつ輝きなのかもしれないし、雰囲気が醸し出す人を引き込む力なのかもしれない。他者を引きつける人物はおそらくそうした未分化の本源的刺激を擽《くすぐ》るある種の波動を発する人なのであろうか。宗教の教祖もそうした根源的感覚を揺さぶる本質的魅力をもっているのかもしれない。これも一種のシズル（的クオリア）なのか？

商品においても独特の欲求を湧き起こす刺激というのがある。たとえば**ラーメンの湧きあがる湯気**である。あの湯気と漂うスープの香りがなかったら、ラーメンを食べようという気になるだろうか。一説によるとラーメンの匂いにはガスチンという食欲刺激物質が含まれており、それが漂う湯気を介して伝わってくることでおいしさへの期待感が増すという話がある。だからラーメンはカウンターで食べるほうが圧倒的においしいという。実は私の処女作というのは「Gパン学入門」という、ある雑誌に連載した〝若者文化論〟だが、その冒頭で「なぜか他人の食べているラーメンはおいしそうにみえる」と述べた。この時すでに〝ラーメンのシズル〟の不可思議さを私はとらえていたのである。

炊き立てのコメの輝きも一種独特のシズル感をもつ。よく「**コメが立っている**」という表現がされるが、炊きあがったコメが白く輝いていなければ、そこにおいしさを予感するということなどないのではないか。鍋ものもジュクジュク煮えて茹だっている感じに包まれるからおいしさ感が倍増する。

こう考えると「シズル」とは〝快〟の予兆みたいなものだと気づく。やがて訪れる快感の世界への期待を誘う信号なのである。**人間は〝快〟を期待している時にすでに快であるという**ことを指摘したが、シズルを感じるということそれ自体が強い快感に包まれているのだ。

ビールのシズル感は泡にある

この辺を十分わきまえて快の予兆をどう表現しうるかが問われる。その点で疑問なのが最近のビールのプロモーションである。私は自他ともに認める「ビール好き」であるが、ビールの魅力は**グラスに注いだ時の泡立ち**にあると思っている。ビールの泡は含有される炭酸ガスがコロイド状に溶けており、衝撃によりガスが液体のなかを駆け回る効果によって生じるが、それを助けるのが麦芽成分に含まれる発泡性のたんぱく質とホップの油脂成分である。これらは泡立ちを促進し、泡持ちをもたらす。この白い泡と黄金色の液体のバランスがなんともいえないおいしさへの期待感を増進する。従って私は可能な限り缶から直接飲むということなどしない。おいしさが半減してしまうことは明確だからだ。この泡立ちと泡持ちは麦芽とホップが多く含まれていればいるほど高い。当然本格的ピルスナーのほうが泡の効果は高いのである。ところが日本のビールメーカーときたら、缶で手軽にそのまま飲めるようなことをもっぱら訴求している。

泡のないビールなんて「クリープのないコーヒー」みたいなものだ（もっともこの有名なコピーも死語になった感がある。せっかく生活上の最適なポジションをつくりながら、それを維持できない日本のメーカーのマーケティングの貧しさがここにある）。ビールをおいしく飲むということについての「使場」の保証をするというのもメーカーの責任なのに、現実はまるで逆行するようなことをしている。だからビール市場が発泡酒や第3のビールに侵食されていくのだ。今日のビール市場の構造変化はメーカーが自ら招いた自業自得的現象としか思えない。もっとも麦芽100％の本格ピルスナーがおいしいのはホップの香りと苦みが爽快感を高めるからである。ビールにホップを使うということを発明した人（たぶん14～15世紀のヨーロッパであろうが）は大変な貢献をしているのだ。

ビールの泡に示されるシズル感をどう大切にしていくか。この原則を踏まえたマーケティングが要求されている。サントリーはチューハイにおいて泡の美しさを希求した『AWA'S』という商品を出しているが、これは白いきめ細かい泡でビールとはまた違うシズルを醸し出している。またアイリッシュビールの『ギネス』の泡は炭酸ガスではなく窒素が用いられているが、これも黒っぽいスタウトビールとマッチして微妙なトーンを生み出している（窒素は炭酸ガスより分子量が小さいから泡がきめ細かくなる）。

こうしたシズル感の演出は容器やパッケージ、ＣＭなどのプロモーションなどでも表出される。ウオッカの『**アブソリュート**』の瓶など透き通ったウオッカという酒の存在感を高めてくれる。（でも透明感の美しさという点では『**いいちこ**』の「**フラスコ**」という商品が屈指だろう。これはあまりたくさん出荷されていないが、蒸留酒ナンバーワンの『いいちこ』を象徴する気品と懐かしさを醸成している）また、かつてキリンビールの『**一番搾り**』のＣＭで〝泡ひげ〟という表現をしていたが、これなど泡のおいしさ感をうまく訴求した例だろう。

シズルとは一口でいうと「感情の苗床に働きかけ、心の奥底を刺激する快の兆候」である。それは具体的な情報性の認知の前に情動の記憶を再生させ、五感に分化しえないある心象風景を誘発する。つまりシズルとは共感覚的クオリアの典型なのではなかろうか。**【図18】**

指摘したウナギのかば焼きや焼きたてのパンの香りも一種のシズルであるし、毛皮の柔らかい手触りもシズルである。そうしたシズル感は五感が融合化したような

図 18　共感覚性を呼び起こすシズル

シズル感

‖

感情の苗床に働きかけ
心の奥底を刺激する
なんともいえない心地よい快の兆候

⬇

それは具体的な情報性の認知以前に、
情動記憶を再生させ、
五感が融合化された
ある心象風景を誘発する

↓

心の深奥にある
原初的記憶の再生か？

⬇

シズル感は共感覚性の引き金となる
プリミティブな刺激の表出ではないか？

↓

シズル・コミュニケーションは
五感＝メディアを超えて
感動の引き出し役となりうるのでは？

原初的快感を生み出す。それは実際は脳がつくり出す錯覚かもしれない。かつての快の経験をもとに与えられた刺激が新たな心地よさを誘導してくれるように期待させるためである。クオリアは外部の刺激に対してできるだけ前向きの意味をもたせようと我々の脳が都合よく貼りつけている。

だからこそ本源的な〈快の予兆〉を感じさせるような刺激が求められるのである。それは未知の領域に人類が進んでいくために、脳がポジティブにつくり出しているのだ。そうでなければ「星空の瞬き」というような感覚を私たちはもつだろうか。夜空の星の光など非常に微かな明るさに過ぎないが、そこに瞬くような輝きを感じるということ。これもシズルである。そのことが宇宙の神秘を探ろうという衝動を促したといえる。

ただ現代人はそうした微かな刺激に対して鈍感になっているきらいがある。今後シズル・コミュニケーションの開発設計においては、シズルを感じる能力の開発（それは五感連想により未知の期待感を高める力か？）に取り組まねばならない。そこに「五感環境」を蘇生させていく意味がある。

明日のコミュニケーションを切り開く五感通信の構想

マーケティング・コミュニケーションにおいて五感情報をどう効果的に使っていくか。その試みが各所で行われるようになってきた。**NTTコミュニケーションズ**では「**五感通信構想**」を掲げ、香りを使った通信サービスなどに取り組んでいる。もっとも今日の通信システムに乗せられる情報はデジタル化できる情報であり、味、香り、触感などは基本的に困難である。これらは化学情報であり、分子レベルでデジタル信号に変換し、それを伝送し、ユーザーサイドで再生するといった方策は、まだ未開発である。味や香りが伝送できたらテレビの料理番組などではさぞかし便利な気がする。

しかし、それができないから我々はなんとかして感じている心地よさを伝えようと表現に腐心する。だから想像力が発達し、さまざまなクオリア（を表現するワード）を生み出すことができたのだろう。いまだ多様な五感情報をダイレクトに伝送するということは目処《めど》が立っていない。しかし視覚や聴覚だけの通信では我々の受ける情報から、リアリティや臨場感が大きく減衰されているのも事実である。ここをどう補いながら、人々の心を打つ情報発信ができるかは、これからの情報通信システムの最大の課題である。

NTTコミュニケーションズの行っている「五感通信」はまだ非常にその点でレベルの低いものであるが、将来への期待感を抱かせる。私たちは「五感コミュニケーション研究会」なる任意の勉強会を組織し、NTTコミュニケーションズの協力を得て、「**香るデジタルサイネージ**」の実験を行った。次ページの〈図19／香るデジタルサイネージの仕組み〉にその概要を示すが、基本的には利用者側に香りの発生装置を置き、伝送される「香りレシピ」により、その時々で有用な香りを発信しようというものだ。香りは何種類かあり、ネットからの信号により、それらを組み合わせてそのつど発生をコントロールできる。これをデジタルサイネージ（一種の電子看板）に映す画像や音響情報と組み合わせて、ブランドを印象づけたり、集客を促進しようというものだ。

香り発生装置は当然スタンドアローンであるが、香りのコンテンツは通信で送ることで多様な香りを一つの場所で発信することを可能にしている。ただ、いまの香

図19　香るデジタルサイネージの仕組み

特徴

- ■コンテンツを再生することで香り発生装置から香りを放出、レシピ情報により 香りの種類や強さ等をコントロール可能
- ■ Webをベースとした汎用的な仕組みのため、様々なメ--カーのデジタルサイネージで利用可能
- ■複数の香り発生装置（大型版・小型版）と連携可能、設置場所やシチュエー ションに応じて香り発生装置を選択利用

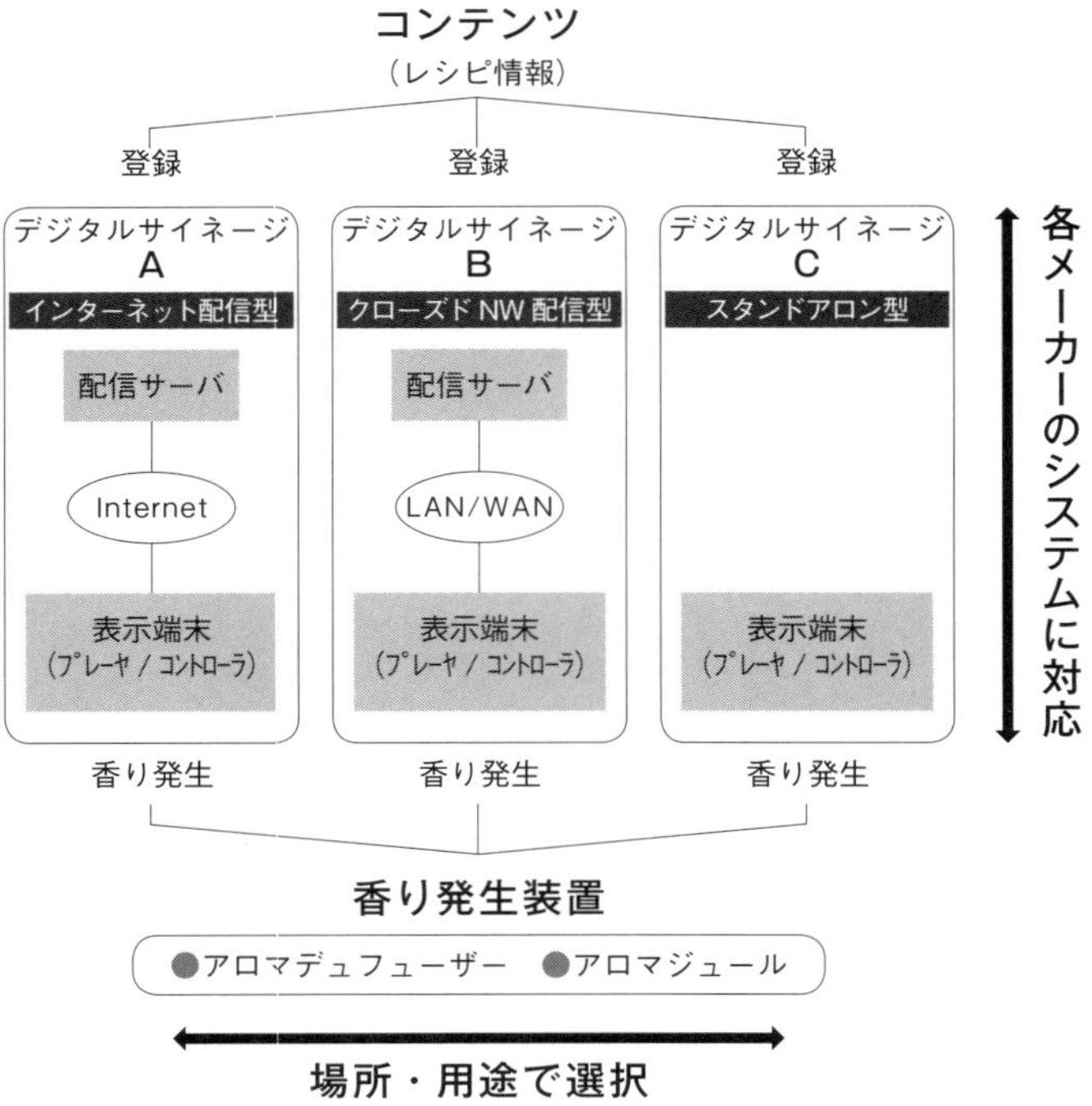

（NTTコミュニケーションズの資料を元に作成）

り発生装置には香りの基本となるカートリッジは数本しか入っていないため、発信できる香りは限られているが、利用目的に合わせて香りの種類は選べるので、一定の汎用性は保たれている。

現状では、ビアレストランの店頭において、香りと映像を組み合わせて、おいしそうな刺激を与えることで、来店者を誘導したり、駅のコンコースでバラの香りを流すことで、サイネージで流すバラを使った商品の情報へ注意を向けたりといった実験を行い、一定の成果を出している。

あるスーパー銭湯では、風呂に入って帰ろうとする客に対して、レストランおよび売店への誘導を促進するため、バニラの匂いとアイスクリームの商品情報とアイスクリームを連想させる音（牛の鳴き声など）を組み合わせて訴求し、注意を喚起しようと試みた。これも正確な比較データは掴めなかったが、それなりの効果が確認された。音は明らかに認知していたし、香りも分かった人は多かった。複数のモダリティでの訴求がそれなりに効果のあることは定性的に掴めたといえる。

そのほか、カラオケボックス、ホテル、デパート、高速道路のサービスエリア等において、「香るデジタルサイネージ」の実証実験が展開された。いままでの映像と音だけの情報発信において香りが組み合わさることで、訴求性が向上することは明らかになった。それはユーザーが匂いを確実に認知していることでも確かめられた。

「通信」から「通心」の時代へ

ＮＴＴコミュニケーションズでは〈「情報通信」から「情感通心」への拡大〉を目指している。既に触れたように我々のコミュニケーションにおいては、メッセージを伝えるという〝報〟のニーズより、むしろ心を分かち合うという〝情〟のニーズのほうが強い。これに対応した通信（通心）システムを開発していく上で、気分や雰囲気を伝える媒介が必要になる。それはトータルな五感情報として発信伝送されたほうがいい。そこに五感通信の意味もある。いまのところ香りそのものを通信回線に乗せることはできないので、いまだ未熟なレベルにとどまっているが、もっといろんなアプリケーションの開発により、多様な五感通信の開発が展開される期待は高い。それは人間の「感じる力」を高めることに必ずつながる。

〝五感通信〟の意味は少ない情報リソースに濃度が高い情報を載せることができるということである。それはリアリティや臨場感を高め、驚きや感動の呼び出し役となる。個別の情報の積算で訴求するのではなく、〝意味がある情報〟を素早くかつ深く伝えるということである。それは〝こころ〟を震わせ、新たな欲求の引き出し役となるということにほかならない。

現代の情報ツールの開発が、大量、高速、高精細といったリニアなレベルでの高度化だけを狙っているが、これは明らかに脳の負担を加速させる。そうではなく情報量の多寡よりも、伝わる意味の濃さが求められている。いわば人間にとって心地よい情報環境だ。そうした場合五感が融合化された情報は非常に効率がいいはずだ。香り通信だって端末の香り発生機がもっと多様で微妙な質感も出せるなら、ある部分では十分実用性があるはずだ。しかし現状では嗅覚の仕組みはあまりにも原初的であるがゆえにデジタル情報技術にそぐわない。そこを各利用場面でどう克服していくかという視点が要求されている。

ただデジタル技術の発達は我々の新しい感覚性を開拓してくれることにも留意し

なければならない。たとえばコンピュータ・グラフィックス技術はいままで垣間見ることができなかった不可視の世界を可視化してくれる。対象を縦、横、斜め、上、下どこからでも眺めることをいとも容易に実現してくれる。車だったらボディの下から見ることだってできるし、車内からの視点だってつくれる。これを観測者＝人間が動かなくてもできる。それどころか体内や地中など普段見ることができないものを（リアルに）可視化してくれる。あるいは人が想像する世界を共通の画像世界としても表現できる。

しかもそれは立体感をもってつくり出すことが可能だ。今後立体ディスプレイ等が普及してくれば、新たな感性が生み出されてこよう（立体テレビについては期待は大きいものの、本質的な技術革新があまり進んでいない。これについては筆者は別のところで検討しているので、ここでは省略したい。ただここでいう「濃度の高い情報」という視点から、より感情を刺激するような映像の形態をコンテンツも含めて開発していくことが立体映像の普及には不可欠となるだろう）。

いずれにしろテレビも地上波デジタル放送に転換し、デジタル時代は止められない。このなかでただ一心に〝情報の高度化〟だけを狙うのではなく、より心に沁み込み、強い刺激を与える情報とはなにかを探り、それを先端的な情報技術で実現していくことを目指さねばならない。それが高度情報社会における「通心システム」の開発である。

それには少ないリソースで効果の高いコミュニケーションを可能にするという視点が不可欠となる。〝五感通信〟への期待はそうした人間にとって心地よく、負担の少ない情報システムをもたらしてくれるからである。これは五感による情報処理の仕組みを解明し、新たな技術を開発し、我々が感じている世界を再現するということにより可能になる。

今日の情報システムはすべての情報を網羅的に揃いあげ、それをできるだけ稠密化しようとしているが、むしろ人間の情報処理機構は情報を捨てることに特色がある。そこでは入ってきた外部情報をプライオリティづけする機構が働いている。その役目を果たしているのが情動である。情動＝感情を基軸に新たな情報システムの在り方を検討することが、「五感通信構想」への近道である。

五感をデザインすることは可能か

私は美術系大学に属し、デザイン工学部にいる。もっとも専攻はマーケティング論であり、ブランド論である。授業でもブランドや商品開発のコマを受けもっているし、演習でもブランディングや商品開発を指導している。これは私の感覚では「デザイン活動」の一部であると思っているからだ。

しかし、一般的には視覚系の表現をすることが〝デザイン〟だと思われている。芸術系では絵画、彫刻などが主流であるし、デザイン部門ではグラフィック、プロダクト、建築、映像などいずれも視覚情報をもとにした表現、描写、設計を行う。私たちの大学では音楽関係の学科はないから、その対象は１００％視覚情報である。

もちろん我々が入手する情報の大部分が視覚情報であるから、それは当然といえば当然だが、我々の知覚する対象や手段をデザインするという役割から考えれば、この視覚情報偏重の傾向はいかがなものであろうか。そこで視覚以外のデザイン手法を開拓するというのが大きな課題だと思っている。聴覚情報については音楽や音響の専門分野があるし、味覚のデザインといったら調理師の世界だ。嗅覚についてはパフューマーやアロマ・コンサルタントいう専門職もある。触覚だけはテクスチャーの設計やテキスタイル、家具などの表面素材の設計など、多少プロダクト・デザインの領域に入ってくる。しかし五感を統合的にデザインするという人は残念ながらいない。私の役割は人間の情報処理機構の解明に基づきながら、感知する情報の形態・メディアの統合的な設計を先導していくことだと思っている。こうした視点から「五感のデザイン」というテーマを考えた時、あまりにも未解決、未開拓である。まず**五感を統合的にとらえるという視座がほとんどない。視覚情報がすべてという価値観がはびこっている。**先に、優れた芸術家は共感覚的に物事をとらえ、表現できる資質をもっているのではないかという仮説を披露したが、本人たちはほとんどそういう自覚がないだろう。ましてや〝共感覚的資質〟を磨くことが、デザイナーの条件だという感覚は毫もない。これで人の心をとらえるようなデザインができるのだろうか。ある事象を五感に分解し、それを再編していくということをもう少し探究していくなら、新しいデザインの方法論が芽生えてくるのではないだろうか。

では「五感のデザイン」はどのようにして可能なのだろうか。それはまさに各モダリティの共感覚的変換を多元的に試み、表現していくことから始まるのではないだろうか。たとえばバラの美しさを表現しようと彫刻を作製するとする。その際バラを造形的に形づくるということにとどまらず、香りもバラのエッセンスが最も効果的に伝わりやすい表出(発生)法を試みる。匂いは鈍化するという特性をもつ。ずっと嗅ぎ続けていると感じなくなる。したがって間欠的にバラの匂いが放射されるだけで、バラの実在感を再認識することができる。触覚系ではバラのソフトな花の感触をユニークな素材を使って表現する。できたらバラのお茶か料理をつくるともっといい。「バラの味覚」を再現するのである。こんなに単純なことで「バラのデザイン」を統合的にできる。

いままでのデザインは我々の感じる世界のある断面を強引に抽出し、その印象を描いているだけである。もちろんそれが意味をもつのは人間に限りない想像力があるからだろうが、五感を駆使してトータルな世界の表現に挑むなら、また違った世界を演出することができる。

以上は思いつきである。我々の大学でも卒業研究などで映像と音楽とお香の香りをシンクロさせて発表したという例もある。こうした試行がもし未知の感覚体験を誘うということが立証できた時には、新たなデザイン領域としても台頭してくる。そうすると花屋には花を感じやすい環境や音響の世界があるということがわかるし、ラーメン屋にはおいしさ感を掻き立てる視覚空間があるということが突き止められる。その上で専門家らしいクリエイティブなデザイン性を発現できれば、新たなデザイン領域の開拓にもつながる。

もう一つ無視できないのが身体性との関わりである。五感性とは体全体で感じているということでもある。情報の受発信において身体的感覚を有効に使うことで、「感じる力」を増強させることはできないものであろうか。たとえば画像情報を送るのに、いまはケーブルや無線で発信と受信をつなぎ、送受信ボタンを押す（というかクリックする）だけである。そうではなくその場で画像を送る時に、あたかも画像を投げるように相手のディスプレイに送る。その時「カチャ—カチャ」と受発信時に音がしたらどうだろうか。ヒット商品の『Wii』にそうした五感身体感覚を内包させるなら、もう一つ進化したアプリケーションができるのではないか。まるで手裏剣のように情報が飛んで行くのを体感できはしないか。身体性が伴うことで情報の密度が増すのである。こうしたアイディアをもっと実用化するような環境が日本のマーケティング界にはほしい。

いま求められる五感デザイナー

私は週の大半は仙台にいるのだが、仙台の2大イベントというと夏の「七夕まつり」と年末の「光のページェント」である。この二つとも視覚性をキーにしている。その視覚演出はみごとであるが、他の東北の祭りと比べて動きがない。ただ「見る祭り」になってしまっている。ここに五感性と身体性を付加しただけでもっと違った魅力を生み出すことができはしないか。たとえば七夕の飾りを引っ張ると、その時だけ匂いと音楽が噴出されるという仕掛けを加味するだけで、新たな体験を誘導することができないだろうかと考えている。冬のイルミネーションも単に光がきらめくだけでなく音や匂いや手触りを組み合わせるだけで、異質な空間に進化するはずだ。五感全体で体感するといった経験をもっと我々の周辺でつくり出すことを心がけてもいいのではないか。それは必ず人間の「感じる力」の拡張につながるはずである。

優れた感性による「五感のデザイン」という側面から、さまざまな場を探究していくなら、試行する機会は無限にありそうだ。早くそうした五感デザイナーが出現することを望みたい。

視覚情報偏重の傾向はデジタル化した情報環境の進行で加速しつつある。だがそのことは人々の情報処理能力に負担をかけ、ストレスを増大させる。私は今日の一律化した稠密な情報環境の成立が、人々に見えない脳の負荷を増大させ、それがいくつもの文明のアノミー的現象を産み落とす遠因になっていると推測しているが、五感環境の再生がそうした忘れられていた人間の知覚能力を復活させる可能性をもつはずだ。

たとえば街角にある街路地図に凹凸をつけて立体的に街を図示するだけでいままでと違った世界が見えてくる。印刷物やディスプレイがすべて2次元でできているため、平面的な表現をすることが常になっているが、本来我々が認知している世界は3次元である。これに音や香りや触感といった要素を組み合わせれば、もっと多次元的な表現も可能になる。

いま、私は山県県の企業と『機能性看板』の開発プロジェクトを進めている。たとえば蛍光塗料で夜になったら見える画像とか、静止画だが見ようによっては動いて見る錯視画像、スリットを刻むことで見る角度で絵が違って見える、温度によって文字が浮かび上がるなど、いくつもの応用を検討している。そのなかに目の前に来ると香りが噴射し、欲求を刺激するなどというものも含まれる。弱視の人向けに触ってわかる凸凹のある看板なども検討中だ。これは触覚の応用だ。

とにかく五感を融合化させることで従来にない訴求効果をもたせることはまだまだ未開拓である。豊かな想像力により、そうした五感のデザインニングが生まれてくることを望みたい。

確かに今日のデザインはユニバーサルデザインとか感性工学とかいって、人間に受け入れられやすいものや形や姿の在り方を追究しているが、まだ視覚性のデザインの一面的追求の段階を抜け切れていない。それも色や図柄（形状）のデザインにとどまり、そこから先の想像力を刺激するような新しい情報表出には至っていない。せいぜい静止画が動画になったくらいだ。この先3D画像の可能性があるとはいえ、感じる世界の全面開放には程遠い。静止画でも錯視やエッシャー図形のような可能性もある。感覚の革新を図ることこそ、デザインのもう一つの役割ではないか。「感性のデザイン」といいながら、人間の感じている世界をトータルに表現する手法はまったく未解明である。これでは本当に人々の感動を呼ぶような表現や創作ができるのだろうか。

製作者＝供給者の立場ではなく、受け手＝鑑賞者の側に立って「感じる」とはどういうことかを解明し、それを具現化する表現手法を開拓していかねばならない。これを隠れた感覚としての「共感覚性」を軸に、五感をトータルにデザインする設計や製作の技法を探究していくなら、デザインの新たなフェイズが切り開かれることは必至である。それは〝我々が感じているクオリア〟をどうデザインするかということになる。さらに「感動」を呼び込み、湧き起こすデザインとはなにかを追求していく。これはすなわち情動のアフォーダンスに基づく感動の誘導である。**【図20】**

これからのデザインは人間の情報処理機構の仕組みに沿いながら、より強い情動的刺激を生む感覚や感性の発現を求めていく総合的な「表現科学」へと進化すべきであろう。その地平を切り開くために、各モダリティの機能の解明と「共感覚」と

図 20　感性のデザインから感動の創出へ

モノづくりのプロセスとしては

1. モノとしての完成度を上げる
（物理化学量の優位性とコストパフォーマンスの向上へ）

2. より人間にとって使いやすく、なじみやすいモノの形態と機能
（人間工学、ユニバーサルデザイン）

3. 個人の感性に入り込むようなものづくりと五感の取り込み
（感性工学、五感ブランディング）

↓

人の心に迫る価値づくり

4. 一目見て好きになり、快を予感する
（商品のクオリアの開拓）

5. 体験によって生じる記憶がブランドへのロイヤリティを形成するように誘導
（体験→記憶価値のマーケティング）

6. 商品・サービス・場との出会いが常に新鮮な感動を呼び起こし、新たな消費が創発されていく
（感動の創出と長期記憶化）

いわれる本源的にして深遠な能力の活用について、新たな知見を獲得し、芸術やデザインの方法論として確立していくことが求められる。私は**日本で最初の「五感デザイナー」がいつ出てくるか**を、楽しみに待っている。そうした才能を開花させることが現代のデザイン教育のもう一つの役割ではなかろうか。

エピローグ

再び「感動」を求めて

最後にマーケターとしての夢をもう一度確認したい。それは人々をいかに「感動」させるような事実や実態をつくり出すかということに尽きる。冒頭で感動が安売りされている状況を示したが、そうであればある程より強い本質的な感動を追求しなくてはならない。それは感動が強く〝こころ〟を刺激し、大きな情動反応を呼び起こし、さらに忘れ難い記憶となって、人々の心に残るからだ。「感動」をどうつくり、伝えるか。マーケティングの究極の目的はここにあるといってもいい。【図21】

それを成し得る主体とはどういう存在か。それは夢を描き、その実現に不屈にチャレンジしていく企業や集団やそして個人であろう。それには人々の〝こころ〟に迫り、〝こころ〟を開かせていく提案がたえずできる存在でなければならない。そうした不断の挑戦から、新たな状況が常に創発されていく。マーケティングが人間学

図21　なぜ今「感動」なのか

①「感動」とは強い記憶となるもの

↓ それは

②“快”の感情とともに独自の体験として記憶される

↓ そして

③その「感動体験」がその後の心のあり方を規定する

↓ したがって

④感動を生むような体験を誘導していくことで
企業やブランドへのロイヤリティが生じる

↓ それには

⑤感情のレベルで人と商品（企業）が共振していく
ようなものが求められる

↓

ユーザー（の心）が感じる商品価値を
「感動のクオリア」としてつくり出すことが
これからのマーケティングの中核となる
（そのために心に訴えかける“五感コミュニケーション”が求められる）

であるという意味は、もう一つ人々の夢をかなえる道程を切り開いていく役割をもつということである。未知の対象に果敢に挑み、一つ一つ実体化していく。そうした情熱と情念をもたなかったら生きていく意味などない。**マーケティングは「夢の科学」でもある**のだ。

本書では「感情」と「クオリア」という今日の科学でも最大の謎と思われる対象に対して、マーケティングという異質な分野から大胆に切り込んでみた。この辺のところは脳科学をはじめ、哲学、認知科学、心理学など多くの領域の人たちが興味を示し、探究を開始している（註23）。だが門外漢として「感情」というあまりにも〝人間的な実体〟に迫ってきて、人々の〝こころ〟を動かすのは、未知に挑戦し、切り開いていくということだという思いを禁じざるを得ない。ビジネスの世界と学究の世界をつなぐ立場にいる身としては、まさに最大の難問であり、それゆえに最も意味のある探究であった。それは夢への挑戦と開拓こそが人々を感動させる「共感の構造」の基底にあると思うからだ。

あらかじめ答えが用意されている物事などこの世にはない。マーケティングとてすべては特殊解である。であるからこそ人々の気持ちを開かせ、好奇心を引き出し、市場を開拓するということを日々実証していかねばならない。新しい発想もそれを受け入れてくれる人がいなかったら元も子もない。**すべては人々との感情の交流**に始まる。まず必要なのは、その提案に興味を抱き、意味を理解し、それを実際の生活のなかで実体化してくれる人をどう見つけるかである。ここにすべてを注力することで、夢が実現するかどうかが決まる。それは多くの場合「夢」に共感し、市場づくりのパートナーという形で実体化する。つまり消費者＝顧客という協力者の獲得である。

ビジネスは永遠の即興劇ではないかと思われる。なぜならどういう形態にしろ、ある思想（ビジョン）についての理解者と共感者を獲得していくことをプレゼンテーションしていくプロセスに違いないからだ。そう考えるなら、この世のなかの生活者に対しての姿勢も必然的に決まってくる。つまりターゲットとしていかに撃ち落とすかに腐心するのではなく、自らのビジネスマインド実現の「パートナー」（顧客）に対しての真摯なコミュニケーションと、共通の思想形成こそがものをいう。そしていったんパートナーとなってくれた人とは半永久的に関係をもつ。その媒介がほかならぬ「感動」であるということだ。そのなかから次代のマーケット・チャンスも育ってくる。マーケティングとは畢竟ユーザーとどうコミュニケーションするかを探求する方法論にほかならない。

そしてお互いの理解と共感の紐帯ができたなら（その象徴がブランドである）、関係をより高めるべく、協働の働きかけをしていく。これはビジネス側にとってはより高い期待への実現に向けて、積極的に市場形成に関与していくことでもある。こうしたコラボレーションのシステム化により、ビジネスが持続していく。単なる関係づくりのためのコミュニケーションではなく、共通の働きかけ、つまりコラボレーションの実質化によって意図は成就される。そうしたレベルにまでユーザーとの関係をどうもっていくか。ここに最大の努力が注がれねばならない。

「夢と感動の追求」――それは人間の本性から生じる普遍的な目標である。すべてのマーケティング行動がこの目標に向けて力を集約されること。それが時代を前進させるエンジンとなる。感性の時代、エモーショナルな価値が求められる時代だからこそ、すべての人の〝こころ〟を震わせるものとはなにか。それを追求していきたい。その答えが出るまで、私はマーケターとしての試行錯誤を繰り返すだろう。

次の「感動」を追い求めて。

あとがき

今回〈エモーショナル・マーケティング〉をテーマに久しぶりに書籍を出すことになった。本書の構想は実は5年ほど前からあり、最初の原稿は4年ぐらい前に完成していた。

しかし出版社と著者の都合で延び延びになってしまっていた。それをなんとか形にすることができた。その後の状況の変容も踏まえて今回大幅に手を入れてやっと刊行に結び付けることができた。

もちろんこのテーマは脳科学に興味を持ちだした10数年前からじっくり書いてみたかったものだ。というのはマーケティングとは人間を総合的にとらえる科学であるという著者の持論からいえば、人間の人間たるゆえんである「感情」を抜きにして、人々の消費行動を解析するということなど不可能と思えるからだ。

本書の前作ともいえる『ヒトはなぜその商品を選ぶのか?』（日本実業出版社）において、その片鱗をすでに披露させていただいたが、その後、五感マーケティングの研究などを経て、改めて人間の行動において感情（情動）の占める位置の大きさに着目せざるを得なくなった。より人間の本質に迫る科学としてのマーケティングにもう一度挑戦したいと思い、あえて世に問うことにした。

私は、自らはかなり理知的で、様々な条件を吟味して行動を選択するタイプだと思っているし、たぶん他人からもそう評価されているという自負もある。表面的には自らの感情を外に出すタイプではない。しかし、数々の自分の行動を鑑みるのに、そのモチベーションの大半は感情の発露だと結論づけざるを得ない。

他者から評価されたい、競争に勝ちたい、他人をしのぎたい、もっと楽になりたい等々、それらはすべて感情に左右された心情である。自らを省みるに感情の束縛の大きさを痛感する。これはおそらくいくら冷静だという人でも変わらぬ人類普遍の行動原理ではないだろうか。それはそもそも人間の脳の構造に由来するものだ。その一端を解明し、新たなマーケティング・パラダイムの構築に結びつけたいというのが、本書執筆の最大の理由である。まだ消費行動の秘密に十分迫まれたわけではないが、最新のエピソードも入れてそれなりにアプローチすることができたと思っている。

行動経済学の知見を借りるまでもなく、絶えず人々は〝私情〟に翻弄されて〝市場〟を動かしている。その状況を見れば、感情の働きを俎上に上げることなしには、マーケティング戦略など立てられるわけがないのに、なぜかそれは永遠のブラックボックスの対象だった。これを人間の〝こころ〟の秘密を垣間見ることで少しでも可視化してみたかった。この視点を除いてこれからのマーケティングはあり得なかったはずである。

ところが企業経営の一角としてのマーケティングにおいて、人間の本性に迫るという視座はいままできわめて希薄であった。マーケティングを、人間を理解し、そこから新たな刺激を触発し、市場を変えるような行動を創発する方法論として再編したいとずっと考えていた著者の立場からすれば、本書の問いかけは避けて通ることのできない関門であった。それになんとか決着をつけられて非常にうれしい。素直に喜びたい。編集の労を担ってくれた幸福の科学出版の第五編集局の村上俊樹氏には感謝の言葉もない。

おりしも口腔ガンの手術を機に、少しでも身体的負担を軽減しようと仙台に移り住み、仕事も大学を中核に東北地域の企業のお手伝いを中心にした、その途端の東日本大震災への遭遇であった。自らの感情から率直にいえば、その大震災を日本のマーケティングはまるで教訓にしていないという気持ちも強い。それはそもそも人間＝生活者に正面から向かい合おうという姿勢にマーケティング自体が欠けているからではなかろうか。そうした不満も本書をあえて今出した心底にはある。震災後の日本のマーケティングの課題については今年2月に上梓した『「東北再生」計画』（無明舎出版）をぜひ読んでほしいが、自らの心情（それは同時に信条でもある）に正直になるということの大切さを改めて感じている。

マーケターとして活動して30余年、そして今東北の地でその秘かな変革に傾注している立場からすれば、もっと個人的な気持ちの発現から新たな視角と手法を発信してもいいと思っている。その点では本書は私にとって意味深い著書になったと思う。残り少ない人生をマーケティングの革新にさらに努力したいと思う。多くの人との感情的共振を求めて……。

平林千春

２０１２年５月１日

〈後註〉

1／マッテオ・モッテルリーニ著／原典子訳『経済は感情で動く』紀伊国屋書店、2008、友野典男著『行動経済学』光文社新書、2006等参照

2／消費者行動モデルが初めて提示されたのはHoward-Sheth（1969）に代表される「刺激―反応モデル」である。消費の意思決定が与えられる刺激に対する反応として示された。その後Bettman（1979）が消費者を一種の情報処理系とみなし、刺激に対して感覚レジスター―記憶部門（短期記憶&長期記憶）による情報の処理をして、行動という出力をするとした。以降Bettmanモデルを軸にいくつもの消費者情報処理モデルが提起されている。

3／マーティン・リンストローム著／千葉敏生訳『買い物する脳』早川書房、2008

4／「ドップラー効果」とは近づいてくる物体は周波数が高くなり、存在が大きく感じる（聞こえる）が、去っていく時は逆に小さくなってしまうという物理現象。ここからブームの出始めは大きな影響をもつが、去っていく時はすぐ縮み、消えてしまう現象を指す。

5／拙著『21世紀型ヒット商品の条件』実務教育出版、2002

6／ライアル・ワトソン著『生命潮流』工作舎、1981

7／佐々木正人著『知性はどこに生まれるか』講談社現代新書、1996等参照

8／アントニオ・R・ダマシオ著／田中三彦訳『生存する脳』講談社、2000、同『感じる脳』

ダイヤモンド社、2005
9／私の提起した「小衆論」は当時論議を醸した人たちとは本質的に立場を異にしていた。個が自立し、名もない大衆から逸脱することで、本格的な「大衆社会」が訪れるという視点で、もはや大衆の分解など自明ということだった。詳しくは『新しい「消費」を見抜く』ＰＨＰ研究所、1987、『第三の消費』プレジデント社、1989などを参照。
10／２００５年に発表されたＮＨＫ国民生活時間調査では日本人のテレビ視聴時間は平日で3時間27分、土曜で4時間3分、日曜で4時間14分という結果が出ている。70歳以上では平均視聴時間は5時間を超えるが、20歳代以下ではテレビを見る人の割合は80％を下回るという。相変わらずテレビは生活の中心ではあるが、一方で確実にテレビ離れは進んでいる。
11／松本元著『愛は脳を活性化する』岩波書店、1996
12／拙著『奇蹟のブランド「いいちこ」』ダイヤモンド社、2005
13／ダニエル・ゴールマン著／土屋京子訳『ＥＱ―こころの知能指数』講談社＋α文庫、1998
14／清水博著『生命と場所』ＮＴＴ出版、1999、同『生命を捉えなおす』中公新書、1990、清水博著『解釈の冒険』ＮＴＴ出版、1988等参照。
15／拙著『コラボレーション・マーケティング』ダイヤモンド社、1997
16／下條信輔著『サブリミナル・インパクト』ちくま新書、2008
17／拙著『ヒトはなぜその商品を選ぶのか？』日本実業出版社、2004参照

18／茂木健一郎著『脳とクオリア』日本経済新聞社、1997

19／A(Attention)-I(interest)-S(Search)-A(Action)-S(Share) の略でAIDMAと違うのは、ネットでは検索（サーチ）が行われ、その結果は情報共有（シェア）されるとした。ネットにおける消費行動の特性を表す。

20／〈心の理論〉については小安増生著『心の理論』岩波書店、2000などを参照のこと。

21／イルカの情報処理機構についてはほとんど分かっていない。「心の理論」をもつかは不明であるが、鏡に映った自分を認識する能力があることが分かっている。興味のある人は村山司著『イルカが知りたい』講談社選書メチエ、2003などを参照されたい。

22／エントレインメントとは発達段階の乳児期における母子間コミュニケーションの在り方を指す。言葉を介在せずに自然に相互の波長が合ってくる現象。ここから基本的情動が芽生えてくるとされる。こうした作用は成人同士にもあるとされ、音声—体動同期現象などの生体リズムの同調化がその例とされる。

著者プロフィール

平林千春（ひらばやし ちはる）

1947年長野県諏訪市生まれ。法政大学社会学部中退。雑誌編集長、フリージャーナリストを経て、1978年（株）コミュニケーションシステム研究所を設立、代表取締役所長に就任、現在に至る。1980年頃より、プランナー&マーケターとして数々の企業コミュニケーション、商品開発、新事業開発、ブランド・マネジメント、地域開発などのプロジェクトに関わる。また、マーケティング研究者としてヒット商品研究、ロングセラー研究、ブランド研究などに携わる。2005年4月より東北芸術工科大学（デザイン工学部）教授に就任。現在デザイン工学部企画構想学科教授兼大学院芸術工学研究科仙台スクール教授。主要著書には『シャープの液晶革命』『ビール戦争─成熟市場突破のマーケティング』『奇蹟のブランド「いいちこ」』（以上ダイヤモンド社）、『21世紀型ヒット商品の条件』『実践　ブランド・マネジメント戦略』（以上実務教育出版）、『ヒトはなぜその商品を選ぶのか？』（日本実業出版社）、『花王　強さの秘密』（共著/実業之日本社）、『検証Jリーグ型マーケティング』（かんき出版）、『ヒット商品のメカニズムを探る』（宣伝会議）、『「東北再生」計画』（無明舎出版）などがある。

なぜ、その商品がほしくなるのか

こころを揺さぶるエモーショナル・マーケティング

2012年5月31日　初版第1刷

著　者　平林 千春

発行者　佐藤 直史

発行所　幸福の科学出版株式会社

〒107-0052　東京都港区赤坂2丁目10番14号

TEL（03）5573-7700

http://www.irhpress.co.jp/

印刷・製本　大盛印刷株式会社

落丁・乱丁本はおとりかえいたします

ISBN978-4-86395-203-4 C0034

中国――崩壊と暴走、3つのシナリオ

石平 著

中国ウォッチャーのみならず、新しく日本の国防に関心を持ち始めた方にも分かりやすく、中国の軍事、政治、経済、社会などあらゆる角度からの分析を踏まえて、今後10年の暴走シナリオを提示する。

1,400円

放射能・原発、これだけ知れば怖くない！

放射線防護学者があなたの不安にすべて答える

高田純 著

「牛乳は飲んでもいい？」「原発はやめるべき？」「甲状腺がんになる？」――世界の核被害を調査した放射線防護学の第一人者が大震災後の福島を徹底調査。放射能・原発に対する60の疑問に回答し、あなたの不安を解消する。

1,200円

日本政治の常識破壊

こうすればこの国は復活する！

ついき秀学 著

日本復活のために破壊すべき「常識」とは？経済、国防、教育、宗教などのテーマを論じ、新しい国家ビジョンを提示。日下公人氏との対談も収録。【幸福実現党刊】

1,400円

※表示価格は本体価格（税別）です。